OS DIÁRIOS DE DOM PEDRO II NO EGITO

JULIO GRALHA

OS DIÁRIOS DE
DOM PEDRO II
NO EGITO

LVM
EDITORA

São Paulo | 2022

Impresso no Brasil, 2022.
Copyright © 2022 – Julio Gralha

Os direitos desta edição pertencem à LVM Editora, sediada na Rua Leopoldo Couto de Magalhães Júnior, 1098, Cj. 46 • 04.542-001 • São Paulo, SP, Brasil • 55 (11) 3704-3782
contato@lvmeditora.com.br

Gerente Editorial | Chiara Ciodarot
Editor chefe | Marcos Torrigo
Revisão ortográfica e gramatical | Mariana Diniz Lion
Preparação dos originais | Mariana Diniz Lion
Projeto Gráfico e diagramação: Décio Lopes

Dados Internacionais de Catalogação na Publicação (CIP)
Angélica Ilacqua CRB-8/7057

Gralha, Julio

Os Diários de Dom Pedro II no Egito / Julio Gralha – São Paulo.
LVM Editora, 2022.
192 p.

ISBN: 978-65-86029-99-4

1. Pedro II, imperador do Brasil, 1825-1891 - Viagens 2. Brasil - Reis e governantes - Diários 3. Egito - Descrições e viagens 4. África – Norte - Descrições e viagens 5. Brasil – História I. Título

22-3849   CDD 981
                                                     CDU 94 (81)

Índices para catálogo sistemático:
1. Brasil – História

Reservados todos os direitos desta obra.
Proibida a reprodução integral desta edição por qualquer meio ou forma, seja eletrônica ou mecânica, fotocópia, gravação ou qualquer outro meio sem a permissão expressa do editor. A reprodução parcial é permitida, desde que citada a fonte.
Esta editora se empenhou em contatar os responsáveis pelos direitos autorais de todas as imagens e de outros materiais utilizados neste livro. Se porventura for constatada a omissão involuntária na identificação de algum deles, dispomo-nos a efetuar, futuramente, as devidas correções.

Agradeço ao Ilustre imperador do Brasil, Dom Pedro II, pois, sem seus diários, nada disso seria possível.

Amor à esposa e família sempre...

Uma pena meu pai não estar neste plano para ver este momento.

Sumário

Prefácio: "A ciência sou eu" 9
Introdução: Entre dois mundos 11

Capítulo 1: Cientista, sem honras de governante 15
    Enquanto isso, na Corte do Rio de Janeiro... 19
    Notícia da Lei do Ventre Livre. Dom Pedro Abolicionista!? 19
    Egiptólogos amigos e competidores 21
    Um olhar sobre monumentos 24
    As Agulhas de Cleópatra: granito vermelho e grandiosidade 24
    Agulhas de Cleópatra longe do berço 26
    A Agulha de Cleópatra se recusa ir para Londres?! Maldição?! 28

Capítulo 2: Cairo, Gizé, Heliópolis, Mesquitas e Pirâmides 31
    As primeiras palavras do imperador: detalhes concretos e poéticos ... 32
    A Mesquita de Mohamed-Ali 33
    A história do salto do mameluco 33
    Hurrahs, no alto da pirâmide 37
    Monumentalidade, em Gizé 40
    Heliópolis: a cidade do Sol 44
    A teologia de Heliópolis 46

Capítulo 3: Mênfis, Serapeum e Ptah-Hotep 47
    Mênfis é areia ornada de tamareiras 47
    Brusgsch, a Instrução Pública e a primeira escola para meninas ... 51
    Barragens e monumentos no caminho 53

Capítulo 4: Retorno a Alexandria e costumes egípcios .55
    Dom Pedro II membro do Instituto de Egiptologia 55
    Dom Pedro II Egiptólogo, Ábidos, helicópteros e aliens? 62
    Detalhes e sutil poesia: túmulos, mesquitas e a cultura árabe. 64
    Costumes e curiosidades árabes no Egito 67
    Dervixes, possessão e circuncisão. 68
    Críticas explícitas. 70
    Brugsch e o êxodo dos hebreus em tanis 73
    Brindisi - rumo à Itália, sob aguaceiros 75
    Regresso com festas. 77
    O imperador. 79

Capítulo 5: A segunda e diferente incursão 1876/1877 83
    Beni Hassan, Speos, Artemidos. 89
    Encanto por grutas e tumbas. 91

Capítulo 6: Os Templos de Sethi I e Hathor Denderah 99
    Passando por muitas cidades para chegar à Abidos... 99
    Hathor, o templo ptolomaico. 103

Capítulo 7: Obras de grandes faraós do Reino Novo 113
    Em Luxor, visita ao templo de Amehotep III (Amenófis III) 114
    Visita aos Colossos de Menon e ao templo de Deir-el-Bahari 121
    Passando por Medinet Abu... O estilo de Ramsés III. 125

Capítulo 8: Vale dos Reis e heranças da dinastia ptolomaica 135
    O quarto das estrelas. 142
    Templo de Sobek em Ombos e cidades na véspera de Natal. 145
    Assuan, Elefantina e o obelisco inacabado 149
    Visita a Ilha de Fila (Filae) e o templo de Ísis 153
    O Templo de Kalabsha 157

Capítulo 9: Olhar sobre os derradeiros cenários. 169
    Aridez impressionante 172
    Visita a Abu Simbel e ao templo de Rá-Harakhy 175
    Cataratas no Ano Novo 180

Epílogo: Poéticas e indeléveis impressões 187
Para saber mais sobre Dom Pedro II 190

Prefácio

"A ciência sou eu"

É de senso comum que D. Pedro II era um estudioso, um intelectual, alguém que buscou modernizar o seu país com o que havia de melhor e mais tecnológico à época, como o telefone e a eletricidade. Um monarca que tentou interligar o país por meio das ferrovias e industrializá-lo, uma transformação que propulsou o Segundo Império ao século XIX.

Não somente com a economia e de infraestrutura ele se preocupou. A cultura, as ciências e a educação eram fundamentais para ele, e uma maneira de ajudar foi por meio do mecenato. Se não fosse o "bolsinho real" – dinheiro que era seu e não o do Estado – talvez Carlos Gomes e Pedro Américo não tivessem existido, assim como cientistas, médicos, pessoas notáveis tanto nas artes quanto nas ciências. Pois D. Pedro II, tal seu avô D. João VI e sua mãe D. Leopoldina, entendia que para se construir e modernizar uma nação era preciso mais do que infraestrutura: era preciso cultura, história, conhecimento. Todo futuro precisa de um passado.

Da mesma forma que toda moeda tem duas faces, e durante muito tempo a do Brasil tinha o busto de D. Pedro II de um lado e do outro as armas do Império – a esfera armilar de D. Manuel e a cruz da Ordem de Cristo –, não há como desvincular esse aspecto cultural-tecnológico do Segundo Império da própria imagem do monarca e de seus interesses pessoais.

Como num jogo de cara-ou-coroa, surge *Os Diários de D. Pedro II no Egito*, do professor doutor Júlio Gralha, visando mostrar dois lados de uma mesma moeda, sobretudo o menos conhecido, o menos visível como os relevos cunhados do busto de D. Pedro II. Neste livro, percebemos como as viagens desvendam aspectos da sua erudição atrelados ao seu interesse diante dos mistérios do mundo e da vida, reafirmando aquilo que todos temos em comum: qual nossa origem e os pontos cardinais de nossa história e civilização.

D. Pedro II no Egito é mais que um símbolo de um monarca esclarecido ou estudioso, é o de um cientista em busca da origem da nossa Humanidade. E tamanho foi o seu empenho, que seus escritos e fotografias foram reconhecidos como importantes para a história e fazem parte do programa Memória do Mundo da UNESCO.

Luiz Philippe de Orleans e Bragança
Deputado federal e descendente
de Dom Pedro II.

Introdução

Entre dois mundos

T omando como objeto central os diários de viagens do imperador nas duas incursões que fez ao Egito — a primeira entre 1871 e 1872, e a segunda entre 1876 e 1877 — pretende-se tratar de aspectos relativos ao Egito antigo e interpretar, quando possível, situações descritas pelo imperador em suas viagens (o que nem sempre é fácil de analisar, dada a forma da grafia de algumas palavras e regiões geográficas da época). Mas não é só isso. O livro também permite ao leitor conhecer outro Dom Pedro II, imperador do Brasil. Grande parte das pessoas possuem uma visão do rei ou imperador como um governante pomposo, extravagante, que governa sozinho, autoritário, cuja fala é a lei, que é arrogante, que gasta fortunas em banquetes enquanto o povo morre de fome. Bem, isso é algo que pode ser encontrado em certos momentos da História do mundo. De fato, ditadores "republicanos" da atualidade são bem mais autoritários, agressivos e extravagantes.

Pois bem, nosso imperador não era assim. Não se vestia de forma pomposa, não tinha fala austera. Não era autoritário. Clubes republicanos eram criados e atacavam a monarquia, mas nem por isso perseguiu ou proibiu tais ações. Via na escravidão um grande problema, pois um reino ilustrado (Ciência, Cultura, Arte e politicamente amplo) não poderia ser escravagista. Enfim, infelizmente o Império dependia deste setor para seguir. Isso era algo forte politicamente e economicamente, pois a promulgação da Lei Áurea em 13 de maio de 1888 — uma iniciativa monarquista e abolicionista — levaria, entre outros fatores, à queda da Monarquia, em pouco mais de um ano.

Em 1870, quando solicitou a permissão para deixar o país no parlamento brasileiro (opa! O leitor pode imaginar isso?), houve um debate sobre se esta viagem deveria ser oficial, em um navio de guerra brasileiro, com todos os protocolos de um chefe de Estado. Alguns pensavam que isso seria um custo para os cofres, mas o imperador era claro em dizer que viajaria de forma simples, como um passageiro normal. Um turista? Longe disso! Está mais para um observador, um pesquisador de diversas áreas da Ciência, amante e protetor das artes, do que qualquer outra coisa. Como Membro do Instituto de Egiptologia do Cairo, o imperador foi convidado a expor seus conhecimentos sobre a Egiptologia e, naquele momento, atentava para a depredação do patrimônio cultural do Egito dos faraós. Assim sendo, foi o primeiro brasileiro a ter a possibilidade de expor suas ideias e reflexões: o primeiro egiptólogo do Brasil. Atualmente, pouco mais de um século e meio depois, existem pesquisadores em Egiptologia no Brasil em diversas universidades e uma missão arqueológica no Egito liderada pelo prof. Dr. José Pellini, da UFMG.

O Imperador, ao chegar no Egito — como em outros países —, dispensou a recepção com protocolos de chefe de Estado.

Dom Pedro II nasceu em 02 de dezembro de 1825, ou seja, um ilustre sagitariano como eu. Bem, quero dizer que sou sagitariano também, mas longe de ser ilustre como Dom Pedro II. Era filho de Dom Pedro I e a imperatriz Dona Maria Leopoldina, que faleceu em 1826. Com a abdicação do seu pai em 1831, aos cinco anos Dom Pedro foi deixado aos cuidados de José Bonifácio e passou a viver com tutores e aias. Com a morte dos seus dois irmãos, tornou-se o sucessor e, com o golpe da Maioridade, foi coroado imperador em 18 de julho de 1841. Casou-se com Teresa Cristina em 1843, aos 18 anos, e juntos viveram até o fim da Monarquia e do exílio. Em cinco de dezembro de 1891, em Paris, o imperador que amava o Brasil iniciou sua jornada além-túmulo.

Dom Pedro II era uma pessoa ilustrada, falava diversos idiomas — inclusive conhecia a escrita egípcia antiga, latim e dizem que o sânscrito também. Admirava as ciências, as artes e as inovações; se importava com a educação dos mais jovens, apoiava o Instituto Histórico e Geográfico Brasileiro e a Imperial Academia de Belas Artes. Nas Exposições Gerais de Arte no Rio de Janeiro esteve sempre presente e concedia bolsas de estudos para alunos não só da Imperial Academia, como de outras instituições de Ensino Superior. Durante o seu reinado, o Império se desenvolveu em todas as áreas. Era tão aparentemente conhecido pelos seus interesses científicos que um filme, dos arquivos da AT&T (provavelmente dos anos 1920), reconstitui o encontro entre Graham Bell, o inventor do telefone e o imperador, na Exposição Universal na Filadélfia, em 1876.

Espero que eu, professor e pesquisador da área de Egiptologia e admirador de Dom Pedro II, possa levar ao leitor as impressões sutis deixadas nestes diários e alguns acontecimentos no Brasil durante a viagem ao Egito. Espero que o leitor tenha outra percepção de um imperador que aparentemente gostaria de ser professor. Enfim, um ser humano que vivia entre dois mundos.

1
capítulo

Cientista, sem honras de governante

A primeira viagem ao Egito — de 1870 a 1871 — foi um dos momentos mais esperados da longa incursão de Dom Pedro II às cidades europeias em países como Portugal, Espanha, França, Bélgica, Alemanha, Áustria e Itália, na segunda metade do século XIX. Foi com a imperatriz e uma pequena comitiva, mas descartou as honras de praxe a um governante. Foi como pesquisador e cientista. Não há, infelizmente, nenhum registro conhecido da permanência do imperador em Alexandria. Justo ele, tão cuidadoso em registrar suas memórias. Como ele tinha esse hábito, é possível imaginar que, se fez esse relato, este tenha sido perdido. Deixou-nos, entretanto, inúmeros outros escritos de outras partes do trajeto. Assim, em pleno Terceiro Milênio, podemos viajar em sua companhia para aprender o que ele procurava, concentrado em saber mais do que tanto apreciava.

Nesta época, um dos pontos de partida para a nova e ansiada etapa era Brindisi, uma cidade portuária italiana no mar Adriático a qual, em função da abertura do canal de Suez em 1869, havia se tornado importante porto para as rotas navais entre a Europa, o Egito e a Índia. Foi lá que Dom Pedro II e a imperatriz Teresa Cristina fizeram a última refeição em terras europeias, antes de seguir viagem. O que passaria na mente do imperador naquele momento? Será que, em frações de segundos, seus pensamentos estavam na corte imperial ou na terra dos faraós? Estaria ele ansioso para desembarcar em seu próximo destino? É bem provável que a lei do elemento servil — a chamada Lei do Ventre Livre — estivesse em suas reflexões, bem como seus conhecimentos do Egito... Mais três dias e estaria pisando em Alexandria, a capital do Egito helenizado, célebre pela fabulosa biblioteca, por seu famoso farol e pela beleza do palácio de Cleópatra, já inexistentes. Entretanto, os obeliscos, conhecidos como Agulhas de Cleópatra e a coluna de Pompeu, ainda estavam em seus lugares de origem.

Zarparam, então, para Alexandria, às quatro horas da manhã do dia 24 de outubro de 1871, o imperador, a imperatriz, um professor de árabe, o Visconde de Bom Retiro, o Barão de Itaúna e outros membros e servidores. Ficariam a bordo três dias, no vapor *Poonah*, da Peninsular & Oriental Steam Navigation Company. Assim como o *Douro*, que levou a família real à Europa, tratava-se de um navio luxuoso de três mastros, capaz de navegar a surpreendentes doze nós de velocidade, ou seja, cerca de vinte e dois quilômetros por hora. Pode parecer pouco, em pleno século XXI, mas mesmo os transatlânticos atuais são mais rápidos somente duas ou três vezes.

O trajeto propiciou momentos de aventura, pois uma forte tempestade deixou a maioria dos passageiros temerosa, senão enjoada como ficou até Sua Majestade. O mau tempo alterou a previsão de desembarque. Somente no dia 27 os passageiros puderam ver a costa da Grécia e as suas Ilhas e, finalmente, a 28 de outubro, chegaram a Alexandria. Como de praxe, Sua Majestade recusou as honras políticas do Vice—Rei do Egito, Ismail Pasha, sendo recebido pelo Cônsul do

Império do Brasil no Egito, o conde Miguel de Deblané. Sua Majestade e comitiva provavelmente se hospedaram no Hotel Peninsular & Oriental e, ao que tudo indica, visitaram alguns monumentos. Na manhã seguinte, partiram para Suez.

Figura 01. Dom Pedro II em Alexandria, em 1871
Esta fotografia provavelmente foi tirada quando Dom Pedro II esteve em Alexandria — (ou) na chegada ou na partida. Da direita para esquerda, temos a Viscondessa de Fonseca Costa, o Visconde de Bom Retiro, a imperatriz Teresa Cristina, o Barão de Itaúna, Dom Pedro II, provavelmente com um binóculo nas mãos, além de outros membros da comitiva, os quais não foi possível identificar. O egiptólogo Auguste Mariette parece ser o terceiro da esquerda para direita. Fonte: Fundação Biblioteca Nacional — Biblioteca Nacional Digital.

Figura 02. Alexandria
Vista da Praça do Cônsul, em 1870, onde no ano seguinte o imperador e sua comitiva devem ter passado momentos de descontração, conversando sobre as maravilhas, o exótico e o "desagradável" no Egito. As diferenças culturais parecem ter gerado ideias equivocadas sobre o Egito árabe. Fonte: Fundação Biblioteca Nacional — Biblioteca Nacional Digital.

Enquanto isso, na Corte do Rio de Janeiro...

Enquanto isso, na Corte, nesta mesma data, chegava ao Rio de Janeiro o General Bartolomé Mitre e acontecia a inauguração da linha férrea entre São Domingos e Icaraí, em Niterói.

Chegou ontem a esta Corte a bordo do vapor La France, o General D. Bartholomeu Mitre o mais ilustre estadista da Confederação Argentina onde goza de justa e merecida popularidade por seus eminentes serviços, e pelo fecundo resultado de sua patriótica administração quando presidente da república.

Ferro-Carril Nictherohyense — Hoje, às 3 horas da tarde, deve ter logar a inauguração da primeira linha desta companhia de São Domingos à Icarahy, com assistência de Suas Altezas a Princesa Imperial Regente e seu augusto esposo (Diário do Rio de Janeiro, 29/10/1871)

Além disso, O Diário do Rio de Janeiro noticiava, em 31 de outubro, o início de operações — um dia antes — do sistema telegráfico de 780 km, entre as cidades do Rio de Janeiro e Curitiba.

Notícia da Lei do Ventre Livre. Dom Pedro Abolicionista!?

De todas as notícias sobre a Corte, na certa a mais importante para o imperador foi a da luta pela aprovação da Lei do Ventre Livre. Foi promulgada pela regente, a princesa Isabel, em 29 de setembro de 1871, mas só foi divulgada a 30 de setembro pelo Diário do Rio de Janeiro. A demora é justificável, pois naquele tempo os telegramas chegavam aos destinatários quase um mês depois de enviados! Então, o próprio imperador só tomou conhecimento do fato ao chegar em Alexandria, em 28 de outubro. E nós, em pleno século XXI, reclamamos da lentidão de nossas redes, internet e outras formas de comunicação quase sempre imediata. Não paramos para refletir sobre isso, né? Bem, aparentemente eufórico e feliz por mais uma etapa vencida, o imperador pediu ao Barão de Itaúna para escrever ao Visconde do Rio Branco. Eis a mensagem enviada:

Logo ao desembarcar, recebeu o imperador dois telegramas, um de Florença e outro de Milão, anunciando-lhe que a Lei acerca do elemento servil havia passado no Senado. Apenas foi lido esse telegrama, Sua Majestade correu para mim, deu-mo para ler, abraçou-me, e em verdadeira explosão de prazer disse o seguinte; Escreva ao Rio-Branco, enviando-lhe este abraço que lhe dou, e diga-lhe, na linguagem a mais positiva, que estou penhorado e desejava abraça-lo agora pessoalmente, o que farei logo que aviste em minha volta. Diga-lhe mais, que o considero como meu homem, em que deposito toda a confiança e esperança que posso ter nutrindo a crença de que ele não me abandonará no muito que temos a fazer; diga-lhe mais, que conte comigo como me apraz contar com ele, e acrescente que deixando-o à frente do governo na minha ausência, cada dia tenho mais razão de crer no homem que tantos e tão grandes serviços me prestou e ao país, no Paraguai.

Quem proferiu tais palavras não é fácil faze-lo. Nunca tenho visto o imperador entregue a tão violenta expansão[1]

A impressão passada leva a crer que o imperador tenha sido um dos articuladores da lei, iniciativa que aconteceu por volta de 1866. Infelizmente, para ele, a Abolição não dependia só do Monarca. Diversos interesses político-partidários estavam em jogo e a economia do Império ainda dependia bastante do trabalho servil. Setores e segmentos da sociedade eram desfavoráveis, de maneira que a solução não parecia ser tão simples. Para o imperador, homem ilustrado, sensível e ligado às ciências, a existência da escravidão deveria ser dolorosa. A carta muito emocionada do Barão talvez mostre um lado de Dom Pedro II que foi relegado ao esquecimento pelos líderes do movimento republicano. Para fazer justiça à própria História, vale resgatar o que o monarca pensava. Mesmo durante uma longa e acalentada viagem, há indicações de que ele estava atento aos acontecimentos na Corte.

---

1. Carta de Alexandria, 28 de outubro, acervo do Itamaraty. LYRA, H. *História de Dom Pedro II*. Belo Horizonte: Itatiaia Editora, 1977, volume II, p. 188.

Egiptólogos amigos e competidores

O imperador, em seus escritos, sempre faz referências a dois grandes e reconhecidos egiptólogos do século XIX, Mariette e Brugsch — embora amigos, de certa forma eram competidores.

Auguste Mariette nasceu em Boulogne-sur-Mer, em 11 de fevereiro de 1821 e parece ter sido um dedicado amante do conhecimento, a julgar por alguns prêmios que recebeu quando ainda bem jovem. Aos 21 anos de idade começou a estudar sozinho os hieróglifos — uma tarefa que durou ao menos sete anos. Em 1849, conseguiu uma posição no Museu do Louvre para cuidar, analisar e copiar as inscrições egípcias da coleção local. Tal inventário permitiu que aprendesse Copta e, graças ao Louvre, no ano seguinte foi enviado ao Egito para adquirir papiros.

Não está bem claro como, mas sua habilidade de organização e, provavelmente, de negociação, fez com que iniciasse as escavações do Serapeum em Saqqara, culminado, em 1851, com a descoberta das galerias contendo os sarcófagos e múmias do Touro Apis, além de uma grande quantidade de relíquias dos devotos da antiguidade. Assim, continuou seu trabalho de prospecção do solo e se tornou famoso no cenário da Egiptologia. Em 1853, fez mais uma grande descoberta ao trabalhar na região onde se encontra a famosa Esfinge: o templo do Vale do Faraó Quefren (Khafra). Em 1855, passou a ser o conservador assistente do Museu do Louvre, visitando e conhecendo diversas outras coleções, como a de Berlim e a de Turim.

Auguste Mariette preocupava-se com a evasão de peças egípcias e parece ter sido o primeiro egiptólogo a defender uma política de preservação de artefatos, criando mecanismos de controle e supervisão. Para cumprir tal missão, foi criado o Serviço de Antiguidades Egípcias, do qual ele é considerado o fundador e diretor vitalício.

Em 1863, Mariette conseguiu uma antiga casa em Bulaq (Boulak), uma das regiões do Cairo, e fundou o Museu de Antiguidades do Cairo. Inicialmente, havia apenas uma pequena coleção, mas, em função das políticas de escavação e controle, com o passar dos anos a iniciativa se tornou o famoso Museu do Cairo, com uma coleção nacional de altíssimo valor. Mariette o dirigiu até sua morte, em Bulaq, a 18 de janeiro de 1881, três semanas antes de completar 61 anos.

É interessante ressaltar que colaborou para a primeira apresentação da Ópera Aida de Verdi, que ocorreu no Cairo em 24 de dezembro de 1871, considerada de um imenso sucesso. As cortes europeias e pessoas importantes da época foram convidadas para tal acontecimento, mas será que Dom Pedro II foi convidado pelo governo egípcio? De fato, nesta data o imperador já tinha seguido viagem para o Oriente Médio.

Outro grande egiptólogo, com quem Dom Pedro II estabeleceu uma estreita amizade, foi o alemão Heinrich Brugsch, que recebeu do imperador a comenda da Ordem Imperial da Rosa, oferecida a personalidades durante essa viagem à Europa e ao Oriente Médio.

Brugsch nasceu em Berlim, a 18 de fevereiro de 1827, e tem um irmão, também egiptólogo, Émile Brugsch, quinze anos mais novo. Ao que parece, o fascínio pela Egiptologia começou quando o jovem Heinrich visitou o Museu de Berlim. Percebendo seu interesse, o curador da instituição, Giuseppe Passalacqua, parece ter incentivado o menino. Logo sua facilidade para idiomas foi percebida e, aos 16 anos, ele começou a trabalhar na gramática de demótico, uma escrita egípcia popular e tardia, comum nos séculos que antecedem o nascimento de Cristo.

Aos 20 anos, publicou o livro *Scriptura Argyptiorum demotica ex papyris et inscriptionibus explanata*. No mesmo ano, foi aceito na Universidade de Berlim e, em 1853, o governo da Prússia o enviou ao Egito, onde se tornou amigo de Mariette, com quem trabalhou durante um bom tempo. Assumiu, depois, alguns cargos diplomáticos, tais como embaixador na Pérsia, em 1860, e Cônsul no Egito, em 1864. Em 1870, retornou ao Egito para dirigir a Escola de Egiptologia do Cairo, ao que parece, visitada por Dom Pedro II.

A contribuição de Brugsch esteve mais ligada ao estudo da escrita egípcia do que propriamente às escavações. Provavelmente, foi pioneiro no estudo do Demótico e de um possível componente semita na gramática egípcia. Escreveu centenas de artigos e possui volumes e volumes de

publicações. Fundou o mais antigo jornal de egiptologia (1863) ainda em circulação, sob a sigla de ZAS. Brugsch faleceu em Charlottenburg, a 9 de setembro de 1894.

Figura 03. A Coluna de Pompeu entre 1860-1880.
Fonte: Fundação Biblioteca Nacional — Biblioteca Nacional Digital.

Um olhar sobre monumentos

Apesar de não haver informações da visita a Alexandria em seu diário podemos imaginar que o Monarca, dedicado estudioso de Egiptologia e História Antiga, tenha visitado dois dos principais monumentos de sua época — "As Agulhas de Cleópatra" e a "Coluna de Pompeu". Esta, uma peça de granito vermelho de Assuan, com aproximadamente 25 metros de altura, foi construída no século IV d.C., em honra ao imperador Diocleciano, que havia retomado a cidade de Alexandria após um longo cerco. Entretanto, por que falar de Pompeu, se estamos tratando de Diocleciano? Detalhes da História e crenças populares do passado... A confusão parece ter sua origem nos viajantes medievais que, por alguma razão desconhecida, acreditavam que Pompeu havia sido sepultado neste local. É verdade que, após ter sido derrotado por Caio Julio Cesar, em 48 a.C., durante a guerra civil, fugiu para o Egito, onde foi assassinado — mas nada justifica a localização equivocada da sepultura. Quanto às "Agulhas de Cleópatra" acredito que elas mereçam um "tratamento especial".

As Agulhas de Cleópatra: granito vermelho e grandiosidade

As agulhas eram obeliscos, cada um deles esculpido em uma única peça de granito vermelho. Foram feitos a pedido de Tutmés III, em Heliópolis[2], por volta de 1475 a.C. Durante o seu reinado, Cleópatra VII construiu um templo, o Caesareum, dedicado a Marco Antônio. Como parte da obra, a rainha ordenou o transporte dos dois obeliscos de Heliópolis à Alexandria, para serem colocados diante do templo. Mesmo no século I a.C., não deve ter sido uma tarefa fácil, pois teriam de chegar intactos. Cada um deles pesava em torno de 200 toneladas, o equivalente a 21 metros ou um prédio de sete andares. O transporte fluvial foi por um dos braços do rio Nilo. Imagine como deve ter sido

---

2. Cidade do Norte do Egito faraônico. Hoje em dia é um bairro de mesmo nome, na cidade do Cairo.

complicado para quem sequer concebe como dar conta da tarefa e se perde em conjecturas estranhas! O leitor pode imaginar um único "grande bloco" de granito esculpido e repleto de inscrições, de sete andares! Obra de alienígenas? Forças sobrenaturais? Super civilizações? Claro que não! Com certeza, elementar resultado da antiga e eficiente habilidade dos povos da Antiguidade em resolver seu desafios com técnicas que ainda não conhecemos por completo.

É bem possível que, na atualidade, a gente se pergunte qual a razão de tanto esforço. Que simbolismo o justifica? Havia algum significado religioso? O nome egípcio para a obra seria mesmo "obelisco"? Acredito que Dom Pedro II, o Barão de Itaúna, o Conde Deblané e outros membros passassem parte do tempo discutindo o porquê de tal construção. Vamos, pois, buscar respostas para as indagações.

A palavra obelisco deriva do grego e teria como significado "espada", agulha. Em árabe seria *misallah*, que pode ser traduzida como "grande agulha". Mas, em egípcio antigo, seria *tekhen*, praticamente intraduzível, tal a dificuldade de explicar seu exato significado. Existem algumas teorias sobre o simbolismo do obelisco, entre as quais o de raio de sol petrificado, de forte ligação com o culto solar. Parece também que há relação com a pedra *benben*, que, segundo o professor George Hart[3], seria uma elevação piramidal firme para sustentar o Deus Sol. Há, ainda, quem o considere o sêmen petrificado de Atum.

Não foram somente os egípcios capazes de tais proezas, gregos e romanos também conseguiram criar e transportar obras com sucesso. Todavia um dos relatos mais antigos a respeito é do período do faraó Thutmés I (1504-1492 a.C.), citado pelo egiptólogo Kurt Sethe em seu trabalho "Urkunden der 18. Dynatie, Erster Band" [Documentos da 18ª dinastia, volume I] publicado em 1906.[4] Sim! Os hieróglifos podem nos dizer muito!

---

3. HART, George. *Mitos egípcios*. São Paulo: Editora Moraes, 1992, p. 12.
4. Documentos da 18ª Dinastia — primeiro volume.

Vale, então, traduzir parte do texto (entre as linhas 10 e 15), algo originalmente feito por Wallis Budge[5] e aqui em frases com atualização entre parênteses:

> Eu supervisionei o erigir de dois obeliscos grandes diante dos dois portais do castelo do deus (templo) em pedra de granito (os obeliscos).
>
> Eu supervisionei a construção da barca esplendida de 120 cúbitos[6] (aproximadamente 63m) em seu comprimento, e 40 cúbitos (aproximadamente 21m) em sua largura para transportar estes obeliscos.
>
> Ele viajou em segurança e em boa condição (o texto original está no singular) até próximo ao distrito de Ipt (Karnak, atual Luxor).

Agulhas de Cleópatra longe do berço

Com o passar do tempo, aqueles obeliscos passaram a ser conhecidos como as "Agulhas de Cleópatra" e, até parte da segundo metade do século XIX, era possível vê-los na região onde se encontra o Caesareum. Dom Pedro II e sua comitiva talvez os tenham visitado em duas ocasiões, tanto na viagem a que nos referimos, em 1871, como em uma posterior, em 1876. Somente dois anos depois, um dos obeliscos seguiu para Londres, na Inglaterra, em uma espécie de *container* flutuante puxado por um navio vapor. Em 1880 o outro obelisco foi levado a Nova York, nos Estados Unidos, e atualmente se encontra no Central Park.

Não é difícil de imaginar o imperador admirando parte dessas obras de arquitetura e engenharia parcialmente cobertas pelas areias do tempo dos Ptolomeus e das Cleópatras... Talvez tanto ele como os egiptólogos de sua comitiva tenham conjecturado bastante a respeito, inclusive de onde teria sido retirado o granito — provavelmente de pedreiras no Sul do Egito.

---

5. BUDGE, E. A.Wallis. *Cleopatra's Needle and Other Egyptian Obelisks*. New York: Dover, 1990, p. 29. Publicado em 1926.
6. Um cúbito real equivale a 0,524 metros.

Figura 04.
As Agulhas de Cleópatra.
Uma das Agulhas de Cleópatra em foto de 1870. De fato, um obelisco de Tutmés III (cerca de 1400 a.C.). Fonte: Fundação Biblioteca Nacional — Biblioteca Nacional Digital.

A Agulha de Cleópatra se recusa ir para Londres?! Maldição?!

Até mesmo no século XIX não foi nada fácil transportar uma obra tão grande. Provavelmente tenha exigido dos engenheiros e técnicos da *Belle Époque* europeia muito planejamento, criatividade e tempo, em 1876. O egiptólogo Wallis Budge informa que o interesse de levar um dos obeliscos para Londres teria surgido ou se intensificado quando o general Sir James E. Alexander, em 1867, visitou Paris, onde havia outro obelisco egípcio, no centro da Praça da Concórdia. Talvez o general tenha sentido o efeito político-cultural de tal monumento.

Para levar a obra a Londres, foi necessário desenvolver uma embarcação especial de formato cilíndrico em ferro, especialmente construída para tal operação, e que seria rebocada por um navio a vapor *S. S. Olga*, da P. & O. Steam Navegation Company. Ao que parece, uma pequena tripulação estaria a bordo do reboque auxiliando na navegação.

O processo de transporte foi iniciado a 28 de agosto de 1877, depois, portanto, da segunda viagem ao Egito de Dom Pedro II, o que significa que ele teve a oportunidade de ver as duas obras. Embora os preparativos tenham sido cuidadosos, houve dificuldades surpreendentes. Ao ser colocado no barco, ainda no porto, o peso do obelisco acabou rompendo o casco de ferro da embarcação, o que retardou a partida; os reparos só ficam prontos em 7 de setembro. Era como se o monumento se recusasse a deixar as divinas terras do Egito. Crentes diriam que os deuses conspiravam contra. Quem sabe até o fantasma de Cleópatra tentasse impedir que o símbolo de seu amor por Marco Antônio deixasse o local para onde foi destinado?

Em 21 de setembro, durante o equinócio do outono, a senhora MacKillop batizou com o nome de *Cleópatra* o navio cilíndrico que, a reboque, deixou o porto seguindo para Londres. Alguns dias após ter parado em Algiers e Gibraltar, na região do Cabo São Vicente, o tempo virou. Fortes ondas e ventos sul-sudoeste tornaram a viagem muito difícil. De repente, o *Cleópatra* foi atingido com tanta força pelo mar, que os cabos metálicos se romperam. Diante do risco, o comandante Carter, do *S. S. Olga*, decidiu abandonar o *Cleópatra*. A situação, porém, se complicou, pois os botes salva-vidas foram destruídos pelo mar violento — os deuses não pareciam estar satisfeitos.

A força do mar virou a embarcação cilíndrica, que felizmente não afundou por estar hermeticamente fechada. O comandante pediu que voluntários tentassem refazer as amarras do *Cleópatra*. Seis membros da tripulação aceitaram a difícil e perigosa tarefa, pobres coitados, pois antes de chegar ao barco à deriva foram engolidos pelo mar bravio e desapareceram. Parecia que os deuses e Cleópatra estavam mesmo dispostos a punir os homens pela ousadia de levar a obra embora. Maldição? Vingança? Punição? Não creio, mas cada um que encontre uma razão a partir de sua visão de mundo. Pelo menos o comandante Carter e o seu grupo se salvaram, abandonando o reboque à sua própria sorte.

Pouco depois do incidente, outro navio que navegava na região, o *Fitzmaurice*, localizou o *Cleópatra* à deriva, tratando de rebocá-lo após uma transação comercial que envolveu perto de 7.000 libras! O obelisco finalmente chegou a Londres em 20 de janeiro de 1878. Era o fim da luta... uma das Agulhas de Cleópatra reinaria em terras britânicas.

2
capítulo

Cairo, Gizé, Heliópolis, Mesquitas e Pirâmides

De Suez ou Alexandria, Dom Pedro II deve ter seguido para o Cairo, que na década de 1870 já se configurava como uma grande cidade. Um dos estudos demográficos aponta para a existência de mais de 370.000 habitantes, em 1882. Se por um lado mantinha ruelas estreitas, mesquitas e muralhas, por outro lado também ostentava o desenvolvimento "europeu", graças a Mohamed Ali e o Khediva Ismael Pasha, que governava o Egito na época. Se a paisagem oriental do Norte da África com influência externa é positiva ou negativa não cabe discutir, aqui. Era, tão somente, um fato a considerar, ao acompanharmos o imperador em suas andanças egípcias e a partir das sensações que ele mesmo registrou acuradamente.

É desse momento que temos os primeiros relatos, de próprio punho, da viagem de Dom Pedro II ao Egito. Se existe algum outro registro pessoal relativo à saída de Brindisi e à chegada em Alexandria, ainda não veio a público. Passemos, pois, ao diário de Dom Pedro II.

As primeiras palavras do imperador: detalhes concretos e poéticos

3 de novembro de 1871 — A mesquita de Mohamed-Ali ainda merece algumas palavras. O interior é de alabastro e vastíssimo e o zimbório eleva-se majestoso.

Muitos passarinhos esvoaçavam chilrando [sic] dentro da mesquita e os árabes consideram isto como sinal de felicidade. O átrio cercado de arcadas que precede a mesquita também é belo e está cheio de cordas pendentes para lustres, sobretudo no Ramadan, que se aproxima. A alguma distância da mesquita e perto do palácio de Mohamed-Ali habitado agora pelo príncipe herdeiro é que se vê o lugar onde o mameluco saltou a cavalo, creio que sobre um montículo então maior provavelmente, mas que assim mesmo não salvou o cavalo, escapando-se ele montado num camelo. Meu drogoman[7] [sic] Antônio ainda o conheceu julgo que em Damasco.

No morro da cidadela, que faz parte da serra do Mokattam, se pode chamar-se serra esta série de baixas montanhas também se o poço de José aberto na rocha calcária. Desci até onde se tira a água do fundo de uma cavidade artificial de altura igual à daquela que eu percorri e se acha dividida em três andares.

Dois cavalos que da boca do poço, pareceram-me duas cabras tocam a nora chamada aqui saquiá. Num recanto do fundo da porção do poço que eu desci está um túmulo de pedra com o competente turbante nela figurado, que dizem ser de um ministro de Saladino de nome José. Contudo os árabes imaginam que este poço é do tempo do filho de Jacob. Não cheguei até o fundo extremo do poço porque da nora para baixo só os alcatruzes[8] podem descer. Referem que o Sultão Saladino mandou cavar este poço porque não havia o aqueduto da época florescente dos árabes, o qual ainda campeia nestes areias, ou por ele estar então arruinado. A água do poço é tão boa como a do Nilo e cresce com a cheia do rio.

---

7. Drogoman (Dragoman) é uma espécie de interprete e guia oficial para os políticos e embaixadores ocidentais. Era versado em línguas europeias, turco, árabe e persa.
8. Nora é instrumento ou estrutura para retirar água de um poço. Possui uma roda com recipientes chamados de alcatruzes.

Este dia também foi notável pela visita do Museu de antigüidades de Bulak. Mr. Mariette⁹ tudo explicou-me e fiquei maravilhado do grau de perfeição da escultura entre os Egípcios, 4.000 anos antes de J. C. As estátuas de Chafra (o Cefreu da 2ª pirâmide) de pedra preta e de um pastor feita de madeira, o qual parece andar apoiado num pau, são admiráveis. O catálogo de tantas riquezas arqueológicas feito por Mr. Mariette dá uma idéia deste tesouro.

Não tenho sentido calor abrasador e as madrugadas e noites do Cairo são belíssimas e muito agradáveis nesta estação. As ruas são verdadeiros formigueiros, e que fedor! Não falo da parte da cidade que se tem europeizado.

Quisera escrever tudo o que visse nesta região tão singular, mas isto só seria possível se menos examinasse. Muito ficará para as conversas. Adeus! Adeus!

A Mesquita de Mohamed-Ali

A mesquita de Mohamed-Ali, também conhecida como a "Mesquita de Alabastro", é realmente uma obra de arte, e não é sem razão que Dom Pedro, amante da História e das Artes, a descreveu em seu diário. Atualmente um importante monumento turístico, sem atividades religiosas e está aberta à visitação pública. Turistas devem demonstrar respeito ao visitá-la, portanto se estiverem de bermudas ou saias curtas ou decotes generosos têm de vestir um robe verde, fornecido à entrada, para que a espiritualidade e o decoro sejam preservados. No tempo em que Dom Pedro II fez a visita, porém, era um templo em plena atividade.

A história do salto do mameluco

Sua Majestade, no diário, se refere a um fato que parece fábula, mas foi real. Conta que, por volta de 1811, Mohamed Ali eliminou chefes mamelucos que governaram o Egito antes dele. Eram seus inimigos e rivais.

Para tal, Mohamed Ali, aproveitando-se de um festival realizado durante uma expedição militar contra infiéis do Islã, convidou diversas autoridades e os chefes de províncias mamelucos — ao que parece cerca

---

9. Auguste Mariette foi um importante egiptólogo francês.

de 400! Certos de que seriam bem recebidos, entraram em procissão na cidadela, cujos portões foram imediatamente fechados. Os soldados do Paxá atiraram nos mamelucos sem parar. Um verdadeiro massacre! Somente um dos chefes conseguiu se salvar, escapando montado em um cavalo e em um camelo. Foi o único sobrevivente! O imperador era bem informado sobre os acontecimentos na região.

Auguste Mariette e o Museu Bulaq em quatro aposentos. É sério isso?

Ao planejar sua viagem, Dom Pedro II incluiu pontos importantes, antenado que era. Sabia que a primeiro de junho de 1858 o egiptólogo Auguste Mariette tinha sido nomeado Diretor de Antiguidades, e começou a fazer suas próprias escavações em inúmeros locais, armazenando as peças em uma velha edificação de uma companhia de transporte do Nilo, em Bulaq. Utilizou quatro aposentos para expor os mais belos objetos. Esta coleção foi se tornando importante para o Paxá e assim Mariette conseguiu aumentá-la consideravelmente. Mariette também impediu que antiguidades importantes deixassem o país. Somente pequenas delas foram enviadas às exposições em Viena, Filadélfia e Paris, em 1873, 1875 e 1878. O roubo de tumbas já acontecia em pleno Egito dos Faraós, e se perpetuou.

O Museu de Bulaq, embora de pequenas proporções, a princípio, tornou-se grande e famoso. Foi o precursor do Museu do Cairo. Reinaugurado em abril de 2021, o novo Museu do Cairo contou com uma grande festa e procissão das múmias de faraós e rainhas. Quem não teve a oportunidade de acompanhar a solenidade pode encontrar o registro com vídeo no Youtube.

Os primeiros registros de Dom Pedro II no Cairo parecem ter sido palavras com destino certo, embora não declarado, senão discretamente insinuado:

Quisera escrever tudo o que visse nesta região tão singular, mas isto só seria possível se menos examinasse. Muito ficará para as conversas. Adeus! Adeus!

Quem seria a pessoa que aparece de forma camuflada? Certamente é Luísa Margarida Portugal e Barros, a condessa de Barral, uma grande paixão do imperador. Luísa nasceu na Bahia, em 13 de abril de 1816, quase dez anos antes de Dom Pedro II, que veio ao mundo a 2 de dezembro de 1825.

Não se sabe se o relacionamento deles era platônico ou real, mas durou 34 anos. Curiosamente, ambos faleceram em 1891, na França: ela, em janeiro e Dom Pedro, em dezembro. Teriam sido almas gêmeas? Estariam ligados por um vínculo espiritual? Deixo ao leitor e sua imaginação a resposta.

Figura 05. Mesquita de Mohamed-Ali e a as muralhas da cidadela de Saladino na atual Cidade do Cairo.
A foto é da década de 70 do século XIX. Fonte: Fundação Biblioteca Nacional — Biblioteca Nacional Digital.

Figura 06. A cidadela de Saladino e a Mesquita de Alabastro na atualidade.

A cidadela de Saladino foi construída entre 1176 e 1183 e nesta imagem (nesta outra vista) é possivel ter uma ideia de seus longos minaretes. O arquiteto responsável veio de Istambul e seu nome era Yousf Boushnaq. A cúpula central tem em torno de 52 metros. Fonte: Julio Gralha, 1995.

Figura 07. As luminárias e as cores no interior da Mesquita de Mohamed-Ali.

O uso do robe é obrigatório para quem não está vestido convenientemente, de um modo geral de bermuda, e deve-se entrar descalço. Fonte: Julio Gralha, 1995.

Hurrahs, no alto da pirâmide

4 de novembro de 1871 — Estou muito cansado e atirar-me-ia já na cama se as saudades não exigissem que lhe desse as mais afetuosas boas noites. Adeus, cara amiga! Nada me interessa completamente longe de Você. Adeus!

Depois de ouvir missa na igreja dos Franciscanos à qual só a pé se pode chegar por causa destas ruas que parecem galerias de formigas fui às Pirâmides de Gizeh O caminho quase todo por alamedas de acácias, das quais muitíssimas trançam entre si as comas do verde o mais esplêndido é condigno vestíbulo de tão venerando monumentos.

Parecem pequenos até chegar a eles e só se faz idéia da altura da grande pirâmide quando se observam os que por ela trepam e vão-se tornando cada mais pigmeus.

Subi facilmente ajudado pelos árabes e no cimo reunimo-nos mais de 30. Da minha companhia só foram Bom Retiro e o egiptólogo distinto dr. Brugsch[10], que muito tem simpatizado comigo e dado-me informações interessantíssimas.

Também galgaram a pirâmide 11 de 17 moças dos Estados Unidos, que consta pertencerem a uma sociedade emancipadora [sic] das mulheres. Um rapaz e senhora de mais idade também as acompanharam.

Logo que atingimos o alto da pirâmide soltamos muitos hurrahs, agitamos os lenços e eu assentado numa pedra do tempo de Chufu (Cheops dos gregos) escrevi algumas palavras a Você e os dados que o Brugsch comunicou-me a respeito da pirâmide.

As americanas pediram-me que escrevesse meu nome em bilhetes de visita e eu fi-lo também numa das pedras do cimo do monumento, depois de havê-la escrito, com um grosso lápis dado por um árabe. Já havia feito o mesmo num recanto onde descansei mais tempo na subida.

A vista do cimo é admirável. As tamareiras arremessando-se das ilhas que a inundação ainda forma; as acácias alastrando até quase ao Cairo, de onde se elevam a cúpula da mesquita de Mohamed-Ali e o Mokattam[11] através de uma poeira luminosa, mas tudo domina pela majestade

---

10. Dr. Brugsch foi um importante egiptólogo alemão que se tornou amigo do imperador.
11. É uma serra onde está situada a cidadela de Saladino e, atualmente, as antenas de transmissão de rádio e TV.

secular do monumento, que aliás um homem pisava... que mais posso eu acrescentar que não exprima melhor o abraço que toda amizade lhe dá seu devotado Gautier!...[12]

A descida não foi tão incômoda, apesar de ter de pular a pés juntos degraus de quase 2 metros de altura, embora aparado e mesmo carregado pelos ágeis árabes e depois de curto descanso entramos os três — quem dera que fôssemos nós três! — na pirâmide.

A visita do interior desta custa mais que a subida. Houve lugar que tive de andar de gatinha e noutro deixar-me escorregar assentado sobre pedra dura e pouco lisa.

O aspecto das entranhas deste monumento é imponente porém lúgubre. Conhece-se bem que foi construído de pirâmides sobrepostas e cuja espessura é tanto maior quanto mais durou o reinado do rei que levou todo esse tempo a construir a pirâmide para sua sepultura.

Na câmara onde se acha o sarcófago de Chufu também fiz gravar meu nome e os árabes dançaram lembrando-me pelos movimentos e toada do canto a dança dos botocudos do Rio Doce.

Sobre esta câmara há mais 3 e 3 outras embaixo, só tendo eu visto destas a da rainha, que fica exatamente sob a de Chufu. Sabe-se que esta pirâmide é de Chufu porque acharam-se em pedras do interior dela a pintura hieroglífica de seu nome e Heródoto a chama de Cheops. Sobre as outras não há certeza de quem são e a estátua de Chafra achada no tempo ou sepulturas descobertas por Mariette junto ao Esfinge não tem relação conhecida com a pirâmide denominada de Cefren[13] por Heródoto, contudo os nomes parecem-se e a estátua foi encontrada perto.

Esta pirâmide afigura-se mais alta do que a chamada grande, mas talvez seja isto devido a ser mais afinada nas proporções. No cimo dela há ainda revestimento de tijolo.

---

12. O imperador provavelmente se refere ao escritor Pierre Jules Théophile Gautier, que foi escritor, poeta, jornalista e crítico literário francês do século XIX. Nascido em 1811 e falecido em 1872. Logo após a primeira viagem ao Egito de Dom Pedro II.
13. Filho de Chufu (Queóps), faraó da 3ª dinastia.

A menor de Mecherah (Micerinus)[14] não merece menção. Para o lado da Esfinge estão as 3 pirâmides muito destruídas das Princesas, de que fala Heródoto e, além do Esfinge, que não produz quase impressão e é muito feio com seu narigão achatado[15], está o templo descoberto por Mariette. Compõe-se de grandes massas de granito e de alabastro na parte superior, parecendo as pontas dolmens. As areias cercam-no todo.

Fotografaram-me com Mr. Mariette e alguns árabes sobre a muralha do templo e Você julgará bem da cena pela fotografia. Outra se fez de um grupo maior aos pés do Esfinge e também é sua, pedindo-lhe que repare para o modo por que se acha o grupo composto. Brugsch, que é sem dúvida, mesmo por confissão do bom Mariette, melhor conhecedor de hieróglifos e creio também de monumentos, apesar da reserva que Mariette parece fazer para si dessa parte da egiptologia, diz que o templo não é senão uma carneira de gatos, que os egípcios adoravam.

Esquecia-me referir que as pinturas hieroglíficas do nome de Chufu são as que costumavam os egípcios fazer nas pedras tiradas das pedreiras de Mokattam, durante o reinado do rei, que mandava construir o monumento e de que ainda se acham algumas nessas pedreiras, por não terem sido empregadas.

Na volta vi os jardins dos palácios de Ghizet e de Gheziret. O primeiro está cheio de grutas artificiais e de ruas de pedrinhas formando diversos desenhos e o segundo mais natural tem uma bela menagérie[16]; a terceira na importância que vi, depois das de Londres e Antuérpia. Aí achei o uraeus[17] — cobra que incha o pescoço, alteando cabeça e é figurada hieroglificamente sobre os pilonos dos templos.

Ainda não pude descobrir o cerastes, serpente de dois chifrezinhos e muito venenosa, mas nesse mesmo jardim examinei o ichneumoso ou rato dos Faraós, que come os ovos do crocodilo e era objeto de culto dos egípcios. Com que prazer vi o tatu e o coati [sic] e tenho comido excelentes bananas!

---

14. Filho de Chafra (Quefren) e neto de Chufu (Queóps). Também faraó da 3ª dinastia.
15. De fato, o nariz foi quebrado. Reza a lenda que foi um tiro de canhão do exército francês.
16. Espaço privado com animais selvagens ou exóticos que podem ser visto pelo público. Uma espécie de zoológico.
17. Serpente parecida com a Naja, representação do poder solar e associada ao deus RA.

A mensagem, tão repleta de detalhes, foi escrita no último dia da visita à cidade do Cairo. O imperador descreve horizontes com suave linguagem quase poética ("poeira luminosa"), bem como aspectos internos da primeira pirâmide, alguns exigindo certa dose de elasticidade corporal — algo de que ele não se queixa. Define o aspecto do ambiente como "imponente, porém lúgubre". Ele deve ter sido o primeiro brasileiro a subir na Grande Pirâmide, encarando corajosamente os 146 metros de altura. Ficou tão impressionado que deixou mensagens nas pedras do topo.

Monumentalidade, em Gizé

Ao visitar os monumentos do planalto de Gizé (Guiza, para os egípcios), Dom Pedro II se deparou com a Grande Pirâmide, uma das sete maravilhas do mundo. Algo interessante acontece quando se visita o Egito e tem a chance de ver de perto esta obra do gênio humano: a sensação que transmite é de monumentalidade. Talvez o imperador tenha experimentado algo semelhante, tão reveladoras são suas próprias palavras no diário. De certa forma o invejo por não ter tido a oportunidade de fazer o mesmo.

O planalto de Gizé, próximo ao Cairo, é soberbo em monumentos, que sem dúvida caracterizaram uma fase do Egito em que o poder e a divindade eram demonstrados através de grandes obras. Os monumentos locais foram erigidos há 4600 anos. São as pirâmides de Quépos (Khufu) com 146 metros, Quefrén (Khafra), com 141 metros e Miquerinos (Men-kau-ra) com 65 metros. As três pequenas pirâmides, pertencentes às princesas, e a esfinge, são exemplos deste poder.

O leitor poderia pensar — por que construir pirâmides e tão altas? (Porquê?) Qual seria a simbologia? Uma das razões prováveis está relacionada à manutenção do poder e do estabelecimento de uma forma de controle social com base em uma ação mágica. Por isso, a monumentalidade. Também era considerada o veículo que levaria o faraó para as estrelas. Será por isso que os ufólogos acham que era uma nave espacial? Bem, mas isso é uma outra história...

Cairo, Gizé, Heliópolis, Mesquitas e Pirâmides | 41

Figura 08. Dom Pedro II e comitiva diante da Esfinge e da Pirâmide de Queóps.

Nesta foto histórica, apesar da grande dificuldade, é possível identificar algumas pessoas. O terceiro da direita para esquerda é o imperador (sentado), logo atrás parece ser o egiptólogo Heirich Brugsch, em seguida temos a imperatriz, o Visconde de Bom Retiro e a acompanhante da imperatriz. Um pouco mais afastado, de braços cruzados, parece ser o egiptólogo Auguste Marriete. Fonte: Fundação Biblioteca Nacional — Biblioteca Nacional Digital.

Figura 09. Pirâmides e Esfinge.

Aproximadamente um século e meio separam a foto tirada da comitiva e a tirada por mim. É possível perceber que a região tem "muito menos areia", devido às escavações. Fonte: Julio Gralha, 1995.

Figura 10. Pirâmides de Gizé.

Nesta foto da década de 70 do século 19 é possível ver as três grandes pirâmides e três pequenas construções em ruínas, que são as pirâmides das princesas, citadas pelo imperador. Fonte: Fundação Biblioteca Nacional — Biblioteca Nacional Digital.

Cairo, Gizé, Heliópolis, Mesquitas e Pirâmides | 43

Figura 11. Dom Pedro II e Mariette em Gizé.
Apesar da distância, é possível ver o egiptólogo Mariette e Dom Pedro II (da esquerda para direita) na foto citada pelo imperador nesta parte do diário. Fonte: Fundação Biblioteca Nacional — Biblioteca Nacional Digital.

Heliópolis: a cidade do Sol

6 de novembro de 1871 — *Estive em Heliópolis (On dos egípcios e da Bíblia), Matarieh dos árabes, que examinei o obelisco de Ositarsen 1º anterior a Moisés e um dos dois que precediam ladeando-a a porta do templo, cujos sacerdotes foram mestres de Platão e de Eudoxus.*

Que areial [sic] agora!

Brugsch descobriu os restos de uma das portas do templo que já desapareceram quase aproveitadas pelos árabes para construções e podem-se distinguir certas linhas do recinto.

O obelisco está 15 pés[18] enterrado na areia, mas assim mesmo honra os séculos de Moisés e de Platão. Antes de aí ter ido colhi folhas de um belo sicômoro que chamam a árvore da Virgem, por ser de tradição que à sua sombra descansara N. Sra. na fugida para o Egito. Este lugar foi dado pelo Khedive à Imperatriz Eugênia.

Hoje senti sol de rachar, mas na volta refrescou e passeei pelo jardim de Chubrah obra de Mohamed-Ali. É o mais belo que vi à margem do Nilo e com um lindo e imenso tanque rodeado de colunas e com salas riquíssimas nos cantos. Dizem que o velho Vice-Rei gostava de admirar nesse tanque a ginástica aquática de seu numeroso harém.

Ao citar o faraó Ositarsen I, provavelmente o imperador se referia a Osorkon I., faraó da 22ª dinastia. Já quanto à cidade de Heliópolis, infelizmente não é mais possível visitá-la como fez Sua Majestade, porque agora faz parte do bairro de Heliópolis, no Cairo. Todavia, podemos tratar um pouco de sua importância à época das andanças monárquicas, algo fundamental para entender o contexto antigo que temos a sorte de acompanhar passo a passo.

---

18. Aproximadamente 5 metros.

Cairo, Gizé, Heliópolis, Mesquitas e Pirâmides | 45

Figura 12. Segundo a narrativa de Dom Pedro II, neste sicômoro a Virgem Maria teria parado para descansar.
No Mito de Ísis e Osíris, a deusa Ísis esconde o seu amado em um sicômoro. Será que haveria alguma relação? Seria uma forma de sincretismo? Fonte: Fundação Biblioteca Nacional — Biblioteca Nacional Digital.

Heliópolis — a cidade do Sol

Heliópolis, cidade do Sol em grego, e *Iunu (Iwnw)* que significa pilar em egípcio antigo, foi um dos centros religiosos e sacerdotais do período faraônico de maior importância. Rivalizava com Mênfis, sua vizinha no Baixo Egito, e com Tebas, no Alto Egito.

Desde o Antigo Reino, tem sido importante centro astronômico e de conhecimento dedicado ao culto solar, em parte representado pelo culto à pedra *benben (bnbn)*, citada no capítulo anterior, a partir de informações do professor George Hart. A cidade foi perdendo importância durante a 20ª dinastia e as invasões persas, nos séculos VI e IV a.C., parecem ter completado a sua devastação.

A teologia de Heliópolis

A teologia de Heliópolis talvez seja uma das mais conhecidas e mais antigas e pode ter inspirado as de Mênfis e Hermópolis. A partir da 5ª dinastia, o culto solar passa a ter uma íntima relação com os monarcas egípcios e aparece pela primeira vez entre os epítetos do faraó a denominação "filho de Rá".

Faz parte dessa teologia a famosa Enéada de Heliópolis que, com o nascimento de Horús, passa a ter dez divindades. Ao que parece, em tempos remotos eram cinco deuses, número depois ampliado para mais de dez, dependendo da variante do mito. Este, em linhas gerais, descreve a criação do mundo através de elementos representados pelo deus. Para dar alguns exemplos, então Shu representaria o ar, Geb, a terra e Nut, o firmamento.

3
capítulo

Mênfis, Serapeum e Ptah-Hotep

Mênfis é areia ornada de tamareiras

7 de novembro de 1871 — *Foi um dos dias mais interessantes.*

Subi o Nilo até Mênfis passando por Tamó à margem esquerda, onde dizem que Moisés foi lançado no rio e pelo convento Copta de S. Jorge, de onde os frades vinham dantes a nado pedir esmolas aos navegantes. A decência, que todavia não é muito respeitada por estas paragens impediu esse costume. Todos os árabes nadam como peixes e Mariette contou-me que havia ainda um velho no Alto Egito que servira sob Murad-Bey contra Bonaparte, o qual é célebre como nadador e vive de pescar.

Mênfis é areia ornada de tamareiras, que se estendem na margem esquerda do Nilo por 77 milhas[19]. Caminho pitoresco entre lagoas do Nilo, que a água já tem deixado para cobrirem-se de culturas de um verde que fere quase a vista.

Ia de burrinho alongando meus olhos muito e muito além do deserto, bem o sabe Você e dei comigo nas pirâmides de Sakamah[20]

---
19. Uma milha = 1.609 metros.
20. provavelmente o imperador se referia a Sakkara

Apoei-me à porta da casa onde Mariette gozou, durante 4 anos, dos prazeres do deserto e depois de curta demora fui com ele, Brugsch e mais companheiros ver o túmulo do padre[21] Ti. Examinei as gravuras das paredes que representam ofertas e cenas da vida daqueles tempos. O mesmo fiz no túmulo de Phtahnotep padre (sacerdote) de Phtah (Vulcano Egípcio) mas as senhoras não me acompanharam por causa de certas imagens que aí existem.

As estátuas desses 2 padres (sacerdotes) estavam outrora em nichos e por baixo delas em subterrâneos é que se achavam os sarcófagos. Não entrei nesses buracos. Tudo cobriam as areias antes das escavações. Notei nas gravuras das paredes o modo de apanhar o hipopótamo, que parece provar que era este o Behemoth (que traduz a vulgata leviathan) do livro de Job, os navios com 3 e 2 remos servindo de lemes, o que talvez desse origem ao nome triremes e biremes e não 3 ou 2 ordens de remos, cuja posição para o movimento do navio é quase impossível explicar e a prensa para fazer vinho, que era quase o nosso tipiti.

Brugsch fez o irmão estampar as gravuras da câmara tumular de Phtahnotep e mandarei as folhas para Lisboa porque não posso carregá-las comigo. Mariette não sabe disto e a rivalidade entre ambos, apesar de toda a polidez e mesmo amizade, pois moraram juntos mais de ano na casa onde apeei-me é evidente. Mariette, segundo diz Brugsch, chegou a mandar tapar inscrições no Museu de Bulak para que Brugsch não seja o primeiro a lê-las. Contudo são duas pessoas muito estimáveis e que me deixarão saudades.

Por último entrei na carneira do Serapeum, a mais importante das descobertas de Mariette. São longas galerias cavadas na rocha e 64 câmaras de que só 24 contém túmulos dos bois Apis. Estes túmulos são gigantescos e pesam 65.000 quilogramas. Dentro de um deles bebi à saúde de Mariette em honra de sua descoberta. Podiam estar bem 10 pessoas à mesa, porém só eu, Mariette, Brugsch e Bom Retiro aí entramos. Acharam-se preciosidades arqueológicas dentro desses túmulos e um deles tem o nome de Cambyses e foi portanto do boi Apis, que ele feriu. Não é a Você que careço de contar esta história.

O pôr do sol na volta foi lindíssimo e eu com Mariette nos nossos burrinhos arrastando quase os pés pela areia conversamos longamente, não podendo

---

21. A palavra *padre* colocada pelo imperador se refere a *sacerdote*.

deixar eu de dizer-lhe o interesse que Você teria em examinar tantas coisas curiosas dotada como é de espírito tão investigador.

Quando chegamos á margem do Nilo e aí esperamos os outros, o lugar tomou o aspecto de acampamento de caravana e quase tive desejos de dormir sob o céu recamado de estrelas, depois de ouvir algum conto árabe, que Brugsch me traduziria, ou mesmo Mariette aliás muito menos ou pouco filólogo.

Desembarcamos na margem direita acima do lugar de embarque de manhã, porque deixaram uma ponte passagem estreita demais e a corrente do rio era forte. Assim é quase tudo no Egito, que engatinha na estrada da civilização!

Adeus! Esta palavra tudo exprime a Você e sobretudo hoje.

Figura 13. Esta deve ter sido parte da cena que Dom Pedro II viu ao caminhar pela região de Mênfis. De fato, muito pouco restou da cidade. Fonte: Julio Gralha, 2019.

Mênfis — a capital do Norte do Egito Antigo

A história da capital do Antigo Egito se estende desde o primeiro rei até o último imperador romano. Fundada por Menes, foi ali que, bem mais tarde, o governador romano Makaukas assinou a capitulação para os árabes. Ao longo da história egípcia, na antiguidade, Mênfis foi o grande centro de civilização, governo e comércio. Por alguns séculos, Tebas também teve grande importância mas, por fim, acabou eclipsada por Alexandria, embora Mênfis — da qual quase nada sobrou, na atualidade — seja apenas um episódio nos 6.000 anos do Rio Nilo, afirmou o egiptólogo Flinders Petrie.

Mênfis está situada aproximadamente 15km ao sul do Cairo, e só o que resta da cidade agora são os alicerces e as estruturas de templos, além do vasto complexo da necrópole de Saqqara, com suas pirâmides e mastabas, entre as quais a de Mereruka e a do sábio Ptahotep, visitada pelo imperador. Entre as pirâmides, vale citar a surpreendente do rei Djozer, da 3ª dinastia, e as dos faraós Unas e Pepi I, da 5ª dinastia. Existem, também, as mesas de embalsamamento para o touro Apis, e o Serapeum, templo dedicado ao deus sincrético Serápis.

O imperador e Ptah-Hotep

Entre as *mastabas* visitadas pelo imperador, a de Ptah-Hotep é bastante significativa pois demonstra seu amplo conhecimento da literatura do Egito faraônico. A sepultura era do sacerdote que, supostamente, viveu durante a 5ª dinastia e a ele é atribuído um conjunto de 37 ensinamentos em forma de máximas relativas à moral, à família, ao trabalho etc. Provavelmente seja um dos textos mais conhecidos do Egito Antigo. Entretanto, alguns egiptólogos defendem a tese de que tais escritos foram produzidos na 12ª dinastia e remetidos à 5ª por ser considerado um período com predominância de sábios. Apesar de existirem duas tumbas de dois vizires chamados Ptah-Hotep em Saqqara, ao que parece não são do sábio Ptah-Hotep. Entre os ensinamentos atribuídos a Ptah-Hotep, vale citar duas máximas, cujo texto tem como base a tradução do professor Emmanuel Araujo.

Humildade para aprender

Não te envaideças de teu conhecimento, toma o conselho tanto do ignorante quanto do instruído, pois os limites da arte não podem ser alcançados e a destreza de nenhum artista é perfeita. O bem fala? É mais raro que a esmeralda, mas pode encontrar-se entre criados e britadores de pedra.

Punição à cobiça

Não trames contra as pessoas, pois o deus pune na mesma medida. Se um homem disser: "Viverei para isso", faltará o pão em sua boca. Se um homem afirmar: "Serei rico", (é porque) diz: "tomarei para mim o que vir". Se um homem disser: "Roubarei alguém", terminará sendo dado a um estrangeiro. A trama contra as pessoas não triunfa, e sim a vontade do deus. Vive então em meio à paz e o que eles derem virá por si mesmo.

Brusgsch, a Instrução Pública e a primeira escola para meninas

Entre os relatos do imperador, há uma interessante menção ao trabalho do egiptólogo Heinrich Brugsch e à instrução pública, no Cairo. O Monarca deixa bem claro o quanto aprecia a iniciativa de abrir escolas primárias para meninas.

> *8 de novembro de 1871 — Visitei a biblioteca no Instituto, que dirige Brugsch Há alcorans curiosos, um sobretudo por ser do tempo do Saladino[22].*
>
> *Brugsch apresentou-me na biblioteca um poeta árabe que há de fazer-me versos e outro árabe que tem traduzido muitos livros franceses para a instrução pública. Ainda está bastante atrasada posto que instituísse 25.000 alunos no*

---

22. Saladino, chefe militar curdo muçulmano que se tornou sultão do Egito e Síria. Liderou a reação islâmica no século XII contra os cruzados e reconquistou Jerusalém em 1187. Nasceu em 1138 no Iraque e faleceu em 1193 em Damasco.

Cairo as escolas primárias e o atual Khedive[23] instituísse uma de meninas, o que é grande progresso, onde o belo sexo é tão desprezado.

O aspecto de uma escola árabe é curioso, por causa do balancear constante do corpo dos alunos, quando lêem o Koran. Disseram-me que, imitando assim a oscilação dos que montam em camelo, comemoram a fugida de Mohammed (Maomé) de Medina para Meca.

Adeus! Vou dormir. A parte menos interessante de minha estada no Egito contá-la-ei depois que tiver tido tempo de referir o importante. Ainda este abraço.

Ao comentar, portanto, sobre o atraso na educação do Egito, o imperador ressalta a preocupação em ensinar as meninas, algo importante para a época. Dom Pedro II também exprime carinho "pelo belo sexo". Sua análise sobre educação talvez tenha tomado por base os avanços conseguidos no Império. É verdade que durante o reinado de Dom Pedro II, apesar de seu claro apoio à iniciativa, não foi possível criar uma universidade, apesar da existência de diversos projetos de lei que tramitaram no Senado. Entre eles, vale citar o do senador Castro Silva, em 1842; o do Visconde de Goiana, em 1874; o de Paulino de Sousa, em 1870; e o de Homem de Mello, em 1881. Faculdades, porém, já existiam, bem como cursos técnicos, para atestar o curso do desenvolvimento e do progresso ilustrado do final do século XIX como demonstra o quadro sobre o avanço da educação básica.

Ano	Escolas	Alunos
1871	4.096	138.232
1872	4.552	139.321
1873	5.293	164.171
1874	5.483	172.547
1875	5.601	172.802

Fonte: *Instituto Histórico Geográfico Brasileiro - IHGB*

---

23. O imperador se refere a Ismail, o termo Khedive (Quediva) pode ser traduzido como vice-rei do Império Otomano.

Barragens e monumentos no caminho

9 de novembro de 1871 — *Saí acompanhado de Brugsch antes das 6h e fui ver as pedreiras de Mokattam. Não pude entrar senão numa gruta mas elas estendem-se durante hora e meia ou 2 horas de marcha a pé. Que gigantescos moles destacados de montanha! Parece xisto-calcáreo e os degraus tão desiguais das pirâmides provieram da irregularidade de espessura das diferentes camadas.*

As pirâmides de Ghizet, na margem oposta e iluminadas pelo raios de sol, atravessando pouco espesso nevoeiro, apresentavam uma cor opalina lindíssima.

Voltei depressa demais para almoçar e fui depois até a barragem do Nilo. Reúne a ponte do Delta às duas margens do rio por 60 e tantos arcos divididos em duas partes iguais, cada uma de 500 metros de extensão. Estes arcos fecham-se por meio de portas curvas, com a curvatura para a corrente e assim a represa faz o rio, na descida da cheia, subir o que é preciso para continuar em canais a alargar uma parte do Delta. Estes canais ainda não estão todos abertos e as passagens que se deixaram para a navegação são estreitas para vapores de maior lote. Além disto já muitos barcos tem se virado de encontro a barragem.

Mr. Linant-Bey com quem conversei há poucas horas e foi quem deu o plano da barragem a Mohammed-Ali julga que atualmente ficará muito mais barato elevar a água com máquinas de vapor. Creio que a barragem, quando muito, poderá servir de ponte. Mr. Linant-Bey falou-me muito de Mohammed-Ali e apesar de seus 70 anos, e 40 e tantos do Egito, ainda parece ter o vigor da mocidade.

Na volta da barragem ainda admirei os belos efeitos de luz sobre as margens verdes do rio e os edifícios do Cairo, ao lado de Mokattam. Foi um cenário novo para mim e dos mais lindos.

Adeus, cara amiga, que tanto apreciaria tudo isto!

O imperador terminou esta parte da viagem tratando das barragens para controlar as cheias do Nilo. Atualmente o visitante pode ver as eclusas nos cruzeiros pelo Nilo, um cenário bem diferente do que viu o imperador. Além disso, descreve a colina de Mokkatam, uma imensa pedreira de calcário que foi utilizada para construir pirâmides e templos, no Reino Antigo, por volta de 2.500 a.C. Durante o século XII os construtores da Cidadela de Saladino utilizaram o calcário da região. Dom Pedro II finaliza com palavras de carinho à Condessa de Barral, certo de que ela também iria apreciar o que ele tão bem relata, tocado por "belos feitos de luz".

Figura 14. A colina do Mokkatam. Mesmo com cerca de 5.000 anos de exploração do calcário local, o terreno ainda é exuberante. Fonte: Julio Gralha, 1995.

4
capítulo

Retorno a Alexandria e costumes egípcios

Dom Pedro II membro do Instituto de Egiptologia

10 de novembro de 1871 — *Estou de novo em Alexandria e durante tantos dias nenhuma carta e apenas antes de ontem um telegrama de Você!*

Culpo só a distância que infelizmente nos separa.

Acabei de assistir à sessão do Instituto do Egito, arremedo do de Bonaparte e do qual me trouxeram desde que cheguei esta tarde aqui o diploma de membro honorário.

O presidente honorário é Mariette e a sessão foi presidida por Collucci-Bey, médico de família italiana e que se formou em Bolonha. Depois da leitura da ata da sessão passada em que Mariette comunicou-me seus interessantes trabalhos a respeito da Alydas do Egito (a antiga Ebot, que os gregos grecizaram)[24] eu pedi a palavra e agradecendo a minha eleição de sócio, disse algumas palavras para mostrar que conhecia já um pouco o Egito na minha pátria e viajei nele com espírito de observação.

---

24. De fato é a cidade de Ábidos, importante centro religioso dedicado ao deus Osíris.

Leram-se diversas memórias interessantes, depois percorri um pouco a casa, sobretudo a biblioteca, pequena ainda, e conversei com todos os meus colegas presentes, que eram 16. Pareceram-me quase todos inteligentes e instruídos principalmente o irmão do presidente, Paulo Colucci, médico também, e que fez a campanha da Síria com Ibrahim Pachá; o médico francês Gaillardot, que reside há quase 40 anos no Egito e fez a mesma campanha e parte da expedição de Mr. Renan na Síria, o Dr. Abate, médico nascido na Itália; Mr. Emmanuel, francês que deu-me seu mapa das explorações mais recentes do interior da África; Mr. Savaire, francês, orientalista distinto e Gallici, italiano advogado, que tem estudado muito e escrito sobre o direito otomano.

Agora que está quase terminada minha viagem ao Egito tenho mais descanso falarei de coisas menos importantes ou que me tivessem esquecido no momento.

Os túmulos de um califa e de sultões mamelucos, junto ao Mokattam, são muito graciosos por sua arquitetura, principalmente o de El Bibar com suas duas cúpulas elegantes e minarete todo cheio de requifes. São para assim dizer as flores desse areal. Resplandeciam ao pôr do sol e para maior contraste, de plantas só encontrei madeira petrificada esparsa sobre a areia.

Há um sitio chamado a floresta petrificada, mas não fui lá não só por falta de tempo como por dizer-me Brugsch que não valia a fama que lhe deram os turistas.

As mesquitas de Galahúm, de Tulúm, de Amrú e de Ashar são dignas de visitar-se. Também me ocuparei de outras talvez. Junto à primeira houve quem sabe se a primeira casa de loucos fundadas pelos árabes. Agora está noutro edifício felizmente, porque a primitiva tem aspecto de calabouço.

A 2ª é vastíssima com arcos ogivais e um dos minaretes tem escada de caracol por dentro e o outro de igual forma, porém externamente. Conta-se que o Sultão Tulúm estando a enrolar um papel entre os dedos, seu vizir notara que poderia melhor empregar o tempo, ao que retorquira aquele que se achava planejando a escada exterior do minarete.

A 3ª é também vasta com arcos ogivais e colunatas, havendo duas colunas por entre as quais dizem que só passam os que não são profanos. Está claro que eu não podia passar mesmo sem a minha barriga, apesar de tentá-lo com a fé robusta de meus braços e pernas.

A última também se chama a universalidade, mas em que consiste esta? Na leitura escrita e interpretação do Coran, por maometanos de diferentes regiões, que deitados, assentados no chão ou de cócoras e separados, conforme nações ou tribos, desconfio que antes durmam ou cochilem do que estudem. Goza de grande fama de sapiência oriental, mas nem o edifício é belo como os outros.

Na Igreja das Missões Austríacas há uma porta de arabescos árabes lindíssimos e também se tornam notáveis por isto uma porta no palácio de Cherif-Pachá e outra defronte.

Não compreendo porque os edifícios recentes não imitam a arquitetura árabe tão elegante, não fazendo pelo menos parte senão feias casas à européia. A do hotel tem sofrível aparência e é grande devendo, quando acabada conter 500 quartos. Pertence ao Khedive como quase tudo de melhor no Egito, pois ele ou o faz ou compra-o.

O Khedive que vi duas vezes, quando visitou-me e paguei-lhe a visita é inteligente e fala bem o francês, mas creio que por seus hábitos de sibarita nunca será verdadeiramente reformador. Deu-me bastantes informações sobre o Egito e apenas sumiu-se ao dizer-lhe que ao menos executassem o Coran à risca e não tomassem quase como preceitos o que ele por demais tolera.

Tudo facilitou para minhas digressões e permitiu que alguém com suas companheiras jantasse no palácio da mãe, vendo assim um pouco o interior de um harém.

O ministro dos Negócios Estrangeiros Nurbar-Pachá, armênio pareceu-me muito inteligente, porém servilíssimo, falando bem francês, gostando eu muito de seu sobrinho Akel-Bey, que formou-se em direito em Leipsig, tem maneiras distintíssimas e, segundo dizem-me, não é estimado do Khedive, por causa de suas opiniões verdadeiramente européias e civilizadoras.

Senti não ver Ibrahim Pachá escudeiro do Pachá que veio acompanhar como tal as Sras. ao palácio da mãe do Khedive e Mariette disse-me ser o retrato tal qual do Faraó Sethi 1º.

Poucas caras vi eu no Egito parecidas com as dos monumentos, nem belezas mulheris, apesar de correr quase todas as ruas do Cairo.

Assisti a uma dança nacional em casa do Vice-Cônsul Brasileiro de Ismaília, mas a poesia dos Atmées desvaneceu-se toda.

Ainda mais me repugnou a chamada da abelha noutra casa a que fui unicamente para poder assegurar que nada escapou-me por culpa própria. Na primeira casa como na segunda havia umas poucas de mulheres, que trajando vestidos, que deixavam ver-lhes a camisa na cintura, tremiam como chocalhos, ora requebrando-se sem graça, ora pondo-se de cócoras para logo se levantarem, — e isto ainda era bom — ao som de instrumentos iguais aos dos negros boçais.

Na casa do Vice-Cônsul era cousa recebida e creio mesmo que cortesia, tocar na cintura das dançarinas, para elas ainda mais chocalharem, mas eu não o fiz e na outra tal era o calor que elas procuraram, pouco a pouco, senti-lo o menos possível, por causa do vestuário. Cobrem-se de pedrarias ou verdadeiras ou falsas e em tudo brilha péssimo gosto. Este povo parece-me uma nova espécie cínica em todo o sentido, podendo eu apenas referir o que presenciei em companhia de Brugsch quando víamos hieróglifos de uma pedra numa pequena praça do Cairo.

Chega-se um velho que parecia respeitável levanta a capa e faz de cócoras, no meio da praça, lembrando um trecho de Heródoto, o que o Pai da história diz que as egípcias faziam em pé. A mais estúpida superstição completa o quadro.

Assisti uma das noites passadas a outra reunião de dervixes uivadores, que não sei como não deslocaram o pescoço com os safanões laterais que lhes davam. Apareceu no meio deles um possesso espernando e muito custou a um dos dervixes a convencer o diabo falando aos ouvidos do possesso de que era tempo de deixá-lo e a mim ver a cena dos sabres e punhais, que fingem enterrar no ventre e no rosto e olhos, mas que não se representou por não aparecerem os instrumentos e a cerimônia da circuncisão, dentro da casa, em que a criança de 4 para 5 anos berrava antes do tempo, talvez por ter já alguma idéia do que lhe iam fazer. A mãe estava presente: um dervixe creio eu segurou a criança entre as pernas dele, o barbeiro pôs no chão a bacia, meteu o pauzinho, esticou, prendeu com uma espécie de pinça, passou a navalha, curou-o e um alarido de alegria abafou quase o choro do pobre menino, que voltou aos braços da mãe, que o envolveu num véu.

O dervixe mostrou aos circunstantes, entre os quais estava eu assentado como os outros em colchões, o testemunho de estar perfeitamente finda a cerimônia. Antes da circuncisão e durante os uivos dos dervixes na rua tinham passado bandejas de comida para quem entrava e eu bebi café que me ofereceram na rua. Cobriam-nos bandeiras e lustres que pendiam em cordas passadas de casa a casa, assentando-me eu numa espécie de capoeira de galinha feita de junco trançado e pouco alta para o comprimento.

Não sei se já referi numa de minhas cartas a cerimônia dos dervixes giradores no seu convento. Assisti a ela na 6ª fa. atrasada de uma espécie de tribuna circular que domina o recinto onde se reuniram 24 dervixes, dos quais a maior parte girou 3 vezes, abrindo-se as saias pela força centrífuga, como chapéus-de-sol. Os músicos também estavam na tribuna, porém afastados e tocaram instrumentos os mais desenxabidos possível. Depois de tanto exercício era justo que fossem comer cada um na sua cela, como se disse.

Este convento tem 40 dervixes, mas revezam no giro. O maioral é um grande magricela e consta que não admite só noviços por vocação, mas também por gentileza.

As procissões são curiosas e além dos noivos de que já escrevi encontrei uma muito grande com músicos e bandeiras indo no coice dela a cavalo o chefe dos islans com seu grande turbante verde o qual se dirigia ao túmulo de um santo, cujo aniversário natalício festejavam. Não a vi bem, porque o Brugsch disse-me que havia muitos fanáticos e era perigoso perturbá-los em suas devoções.

Já na ida às pirâmides de Sakarah um árabe sem nenhum motivo que eu soubesse chamou-me cão de cristão!

Para ser santo aqui não custa muito: basta viver como Diógenes e fui ver eu que felizmente já se lembrara vestir-se com uns trapos, mas não queria estar senão de cócoras no meio da rua com o criado ao pé, que recebia esmolas e tudo o que lhe oferecia a roda dos devotos. Ele com os olhos semi-fechados resmungava talvez preceitos admiráveis. Há 2 anos que não vive com a mulher, porém traz-lhe esta regularmente docinhos e parece adorar o marido.

Quem fuma haschisch e diz muitas asneiras, durante a bebedeira, também mostra propensão para a santidade destes muçulmanos. Há três espécies de haschisch, que eu vi numa das lojas dos bazares, as quais são como nichos onde os vendilhões, estão de pernas cruzadas cercadas às vezes, de bugigangas inumeráveis. Uma destas espécies faz rir e, com efeito, ao fumá-la, o árabe fingiu, pelo menos, dar muitas gargalhadas para apanhar backschisch (dinheiro) palavra que se ouve proferir a cada canto, e de mão logo estendida.

Eu só dava aos cegos, que talvez sejam a sexta parte dos habitantes do Cairo e aos aleijados também freqüentes.

A outra inspira idéias lúbricas e a terceira fantásticas. Vende-se na forma de maçinhos. Proximamente deve ser o Bairam, que se segue ao Radamam e então costumam ornar os túmulos de flores durante alguns dias, o que produzirá singular efeito no areal dos cemitérios, como acontece com os lustres, arandelas e bandeiras nestes corredores imundos alcunhadas ruas, quando há qualquer festa em casa próxima ou procissão.

Dizem-me que também há aqui a circuncisão das mulheres, o que compreendo não só pela limpeza, como para evitar costuras, que também fazem estes povos, porque a viagem a Meca é ausência demasiadamente prolongada e as paredes do harém não bastarão.

Mas conversemos de assuntos que não trescalem os aromas do Cairo.

Há aí bastante divertimento para os civilizados. Os teatros da ópera e francês são bons, o hipódromo é grande e também existe um circo de cavalinhos, cujo edifício nem mesmo vi interiormente.

Fui a um café — chantant —, que interessou-me por serem instrumentistas e cantores na maior parte muito sofríveis, quase todos da Boêmia e aparentados, sendo o resultado de sua digressão artística ganharem com que viver na sua pátria, casando muitos entre si.

Entrei também noutro de feição um pouco árabe, onde quase pego no sono, ouvindo um senhor Bey, que Brugsch apresentou-me e pretende conhecer tanto as leis de elevação do solo egípcio que, pelo reconhecimento do número de pés que um monumento está enterrado, diz logo o ano em que foi feito! Apesar de tudo, este Bey pareceu-me inteligente e Brugsch diz que é honrado, cousa rara no Egito.

Nubar-Pachá passa por não respeitar o 7º mandamento, e entre os ministros cita-se com grandes louvores por sua honradez Cheriff-Pachá ministro do governo, antigo escravo do célebre coronel Seves, francês que tanto serviu a Mohamed-Ali e com cuja filha casou aquele.

Em 10bro (outubro) vão cantar a nova ópera de Verdi Aída, assunto da época de Ramsés 2 (Sesastris) e cujo cenário, vestuário e mais acessórios foram feitos em Paris sob a direção de Mariette. Procurei com empenho vê-los, sobretudo por causa de um cenário que representa edifícios de madeira desses tempos, os quais Mariette disse-me serem de arquitetura graciosa e semelhante à arábica, mas tudo se achava ainda hermeticamente fechado e o diretor da ópera Dvanet Bey, que outrora foi boticário e, segundo Mariette, manipula as belas artes como se fossem drogas, nada pôde fazer.

A visita à casa de Brugsch foi interessantíssima por causa de manuscritos Coptas, e seu belo mapa do Egito antigo que ele mostrou-me. À vista desse mapa procurou ele convencer-me de que os Hebreus saíram de Thanis (Sane) e fugiram do exército do Faraó por uma restinga dos lagos do Norte do Delta. As vagas impelidas por algum Khamsin furioso teriam destruído aquele exército ao atravessar a estreita restinga. Um monumento perto de Thanis diz que fora ele construído pelos Habraiú. Apesar da opinião de Brugsch ainda penso que os Hebreus passaram para a Ásia junto a Suez. Mas as minhas relações literárias com Brugsch hão de continuar e espero dever informações curiosíssimas como as que já deu-me, tendo ele me feito conhecer o Dr. Saga médico distinto alemão, em cuja casa vi Nyam-Nyam de 13 a 14 anos, que por sua fisionomia não parece ter pertencido a um povo do interior da África, o qual é antropófago.

O viajante Schweinfuhrt foi quem primeiro visitou esse povo assim como o dos pigmeus, que vivem perto tendo somente 3 a 4 pés de altura.

Adeus! Estou caindo de sono.

Os escritos de Dom Pedro II, no dia 10 de novembro em Alexandria, são os mais longos desta viagem. Vale acompanhá-los atentamente, pela riqueza de detalhes, embora às vezes as descrições nos pareçam estranhas. Afinal, são diferentes culturas e o imperador observava tudo a partir de seus próprios conceitos, não com a distância própria dos antropólogos. Leitura feita, sem interrupções e com a provável riqueza da imaginação para desenhar cenários, vamos agora analisar a narrativa por partes.

É interessante observar que ele inicia a narrativa com uma delicada queixa à destinatária, pela ausência de cartas, embora releve o fato, atribuindo-o à distância. O imperador sabia muito bem o quanto podia demorar uma correspondência. Em todo caso, provavelmente sua intenção tenha sido a de mostrar o quanto sentia falta da condessa e de como tinha certeza de que ela havia de apreciar cada momento dos que ele experimentava, viajando junto, via missivas. Em todo caso, ele faz referência ao telégrafo, uma novidade que se expandia no Brasil de Dom Pedro II, conforme noticiava a imprensa mineira da época:

> Telegrapho Electrico — Sob este título publica o seguinte O Noticiador de Minas: no dia 1º do corrente chegou a praça desta capital o fio do telegrapho electrico que a mesma tendo se estabelecido aqui a põe em contato imediato com a capital do Império. Este grande e importante melhoramento em alguns anos parecia um sonho ou uma utopia é hoje uma realidade (Diário do Rio de Janeiro, 10/11/1871).

Dom Pedro II Egiptólogo, Ábidos, helicópteros e aliens?

10 de novembro de 1871 — Estou de novo em Alexandria e durante tantos dias nenhuma carta e apenas antes de ontem um telegrama de Você![25]

Culpo só a distância que infelizmente nos separa.

Acabei de assistir à sessão do Instituto do Egito, arremedo do de Bonaparte e do qual me trouxeram desde que cheguei esta tarde aqui o diploma de membro honorário.

O presidente honorário é Mariette e a sessão foi presidida por Collucci-Bey, médico de família italiana e que se formou em Bolonha. Depois da leitura da ata da sessão passada em que Mariette comunicou-me seus interessantes trabalhos a respeito da Alydas do Egito (a antiga Ebot, que os gregos grecizaram)[26] eu pedi a palavra e agradecendo a minha eleição de sócio, disse algumas palavras para mostrar que conhecia já um pouco o Egito na minha pátria e viajei nele com espírito de observação.

Leram-se diversas memórias interessantes, depois percorri um pouco a casa, sobretudo a biblioteca, pequena ainda, e conversei com todos os meus colegas presentes, que eram 16. Pareceram-me quase todos inteligentes e instruídos principalmente o irmão do presidente, Paulo Colucci, médico também, e que

---

25. Provavelmente, se refere à Condessa de Barral.
26. Trata-se de Ábidos, local de procissão ao deus Osíris.

> *fez a campanha da Síria com Ibrahim Pachá; o médico francês Gaillardot, que reside há quase 40 anos no Egito e fez a mesma campanha e parte da expedição de Mr. Renan na Síria, o Dr. Abate, médico nascido na Itália; Mr. Emmanuel, francês que deu-me seu mapa das explorações mais recentes do interior da África; Mr. Savaire, francês, orientalista distinto e Gallici, italiano advogado, que tem estudado muito e escrito sobre o direito otomano.*

Dom Pedro II e o Instituto de Egiptologia

Vale, agora, notar certos eventos relatados, por sua relevância. O primeiro é o fato do imperador lembrar que como sócio do Instituto de Egiptologia, cujo presidente honorário era Auguste Mariette. O segundo diz respeito a sua intenção de falar de seu conhecimento sobre Egiptologia, deixando claro seu papel de observador, não de turista, durante a viagem à Terra dos Faraós.

Podemos perceber, também, que muitos dos sócios não eram egiptólogos profissionais, da mesma maneira que Dom Pedro II. Entretanto, pareciam ser pessoas apaixonadas que pesquisavam, estudavam, discutiam e se alegravam em falar do Egito Antigo sem, contudo, pertencer a uma Universidade, a uma missão arqueológica ou a um museu. Dá para imaginar que se encontravam em uma sala característica do final do século XIX, com estantes bem desenhadas, mesas maciças, objetos vitorianos. Uma atmosfera explorada e várias vezes retratada em filmes ambientados nesse período histórico.

Esse trecho da carta me faz lembrar um pouco das reuniões do Centro de Egiptologia do Clube Naval, nas tardes de terça-feira no Rio de Janeiro. Bons tempos, quando estávamos em um ambiente similar e tratávamos do Egito de maneira bem descontraída. Não é o caso da reunião citada pelo Imperador, indicando que especialistas como Brugsch e Mariette foram responsáveis, em sua época, por uma organização da Egiptologia.

Formas instigantes: helicóptero em Ábidos?

Mariette discorreu, na ocasião, sobre pesquisas em Ebot, que é conhecida como Ábidos. Esta região, na parte central do Egito, é considerada o local de peregrinação para Osíris, deus do mundo inferior, dos mortos e da ressureição. Lá se encontra, também, o templo do faraó Seti I, pai de Ramsés II, com uma lista dos faraós e hieróglifos que lembram um helicóptero e de uma nave espacial. Essas imagens provocam muitas suposições a respeito da existência de alienígenas, embora os especialistas reiterem que aquelas formas se devem à posição de escrita e à reutilização da trave.

Detalhes e sutil poesia:
túmulos, mesquitas e a cultura árabe

Agora que está quase terminada minha viagem ao Egito tenho mais descanso falarei de coisas menos importantes ou que me tivessem esquecido no momento.

Os túmulos de um califa e de sultões mamelucos[27], junto ao Mokattam, são muito graciosos por sua arquitetura, principalmente o de El Bibar com suas duas cúpulas elegantes e minarete todo cheio de requifes[28]. São para assim dizer as flores desse areal. Resplandeciam ao pôr do sol e para maior contraste, de plantas só encontrei madeira petrificada esparsa sobre a areia.

Há um sitio chamado a floresta petrificada, mas não fui lá não só por falta de tempo como por dizer-me Brugsch que não valia a fama que lhe deram os turistas.

As mesquitas de Galahúm, de Tulúm, de Amrú e de Ashar são dignas de visitar-se. Também me ocuparei de outras talvez. Junto à primeira houve quem sabe se a primeira casa de loucos fundadas pelos árabes. Agora está noutro edifício felizmente, porque a primitiva tem aspecto de calabouço.

A 2ª é vastíssima com arcos ogivais e um dos minaretes tem escada de caracol por dentro e o outro de igual forma, porém externamente. Contas

---

27. Milícias turco-egípcias convertidas ao islamismo que controlaram a região.
28. Fitas estreitas. Provavelmente Dom Pedro II se refere a motivos da arte islâmica.

> e que o Sultão Tulúm estando a enrolar um papel entre os dedos, seu vizir notara que poderia melhor empregar o tempo, ao que retorquira aquele que se achava planejando a escada exterior do minarete.

Cúpulas, como flores do areal resplandescendo ao sol — assim Dom Pedro II vai descrevendo o que viu, em detalhes. A de Amrú, terminada em 879 d.C., é considerada a terceira maior do mundo

Esta mesquita possui forte influência da arquitetura Abássida. Possui uma base quadrada, com estrutura de 118m x 138m, e circunda três dos quatro lados da construção. Cada estrutura, conhecida como *zyiada*, é um verdadeiro terraço, com 19 metros de largura e 13 arcos, separa o pátio santificado (se assim podemos chamar) da parte externa. No pátio interno existe uma fonte central e seu minarete foi muito bem descrito pelo o imperador. Tal obra da devoção e da arte islâmica foi realizada pelo governador do Egito Ibn Tulun, de origem turca, que controlou esta região entre 868 e 895 da Era Cristã.

> *A 3ª é também vasta com arcos ogivais e colunatas, havendo duas colunas por entre as quais dizem que só passam os que não são profanos. Está claro que eu não podia passar mesmo sem a minha barriga, apesar de tentá-lo com a fé robusta de meus braços e pernas.*

Acredito que, neste trecho, o imperador esteja se referindo à mesquita de Amr Ibn El-Aas, considerada a primeira e a mais antiga construída nas terras do Egito, concluída em 642 d.C. Amr Ibn El Aas foi o comandante das força mulçumana que conquistou o Egito dos Bizantinos. O local foi um centro de estudos islâmicos, com capacidade para 5.000 estudantes, até a construção da mesquita de El-Azhar, em 972.

> *A última também se chama a universalidade, mas em que consiste esta? Na leitura escrita e interpretação do Coran, por maometanos de diferentes regiões, que deitados, assentados no chão ou de cócoras e separados, conforme nações ou tribos, desconfio que antes durmam ou cochilem do que estudem. Goza de grande fama de sapiência oriental, mas nem o edifício é belo como os outros.*

Os pesquisadores geralmente se referem a essa mesquita como uma espécie de universidade, apesar das críticas feitas pelo imperador. Entre os diversos artigos que a ela se referem, um a considera a mais antiga universidade do mundo, pois a primeira conferência ali registrada aconteceu em 975 d.C. Erguida por ordem do califa Muezz Li-Din Allah e originalmente "desenhada" pelo general fatímida Jawhar El-Sequili, é considerada a mais bela mesquita do século X. Na atualidade, em suas cercanias foi construída uma das mais importantes escolas mulçumanas.

Na Igreja das Missões Austríacas há uma porta de arabescos árabes lindíssimos e também se tornam notáveis por isto uma porta no palácio de Cherif-Pachá e outra defronte.

Não compreendo porque os edifícios recentes não imitam a arquitetura árabe tão elegante, não fazendo pelo menos parte senão feias casas à européia. A do hotel tem sofrível aparência e é grande devendo, quando acabada conter 500 quartos. Pertence ao Khedive como quase tudo de melhor no Egito, pois ele ou o faz ou compra-o.

O Khedive que vi duas vezes, quando visitou-me e paguei-lhe a visita é inteligente e fala bem o francês, mas creio que por seus hábitos de sibarita nunca será verdadeiramente reformador. Deu-me bastantes informações sobre o Egito e apenas sumiu-se ao dizer-lhe que ao menos executassem o Corán à risca e não tomassem quase como preceitos o que ele por demais tolera.

Tudo facilitou para minhas digressões e permitiu que alguém com suas companheiras jantasse no palácio da mãe, vendo assim um pouco o interior de um harém.

O ministro dos Negócios Estrangeiros Nurbar-Pachá, armênio pareceu-me muito inteligente, porém servilíssimo, falando bem francês, gostando eu muito de seu sobrinho Akel-Bey, que formou-se em direito em Leipsig, tem maneiras distintíssimas e, segundo dizem-me, não é estimado do Khedive, por causa de suas opiniões verdadeiramente européias e civilizadoras.

Senti não ver Ibrahim Pachá escudeiro do Pachá que veio acompanhar como tal as Sras. ao palácio da mãe do Khedive e Mariette disse-me ser o retrato tal qual do Faraó Sethi 1º.

Dom Pedro II termina esta parte do diário tratando um pouco daqueles que conheceu e ressaltando a beleza da arte árabe. O imperador deixa bem claro que o hotel tem aparência que o desagrada muito, além do exagero na quantidade de quartos. Quanto ao Akel-Bey, por suas opiniões europeias e "civilizadoras" não estimado pelo Khedive.

Costumes e curiosidades árabes no Egito

Poucas caras vi eu no Egito parecidas com as dos monumentos, nem belezas mulheris, apesar de correr quase todas as ruas do Cairo.

Assisti a uma dança nacional em casa do Vice-Cônsul Brasileiro de Ismaília, mas a poesia dos Atmées desvaneceu-se toda.

Ainda mais me repugnou a chamada da abelha noutra casa a que fui unicamente para poder assegurar que nada escapou-me por culpa própria. Na primeira casa como na segunda havia umas poucas de mulheres, que trajando vestidos, que deixavam ver-lhes a camisa na cintura, tremiam como chocalhos, ora requebrando-se sem graça, ora pondo-se de cócoras para logo se levantarem, — e isto ainda era bom — ao som de instrumentos iguais aos dos negros boçais.

Na casa do Vice-Cônsul era cousa recebida e creio mesmo que cortesia, tocar na cintura das dançarinas, para elas ainda mais chocalharem, mas eu não o fiz e na outra tal era o calor que elas procuraram, pouco a pouco, senti-lo o menos possível, por causa do vestuário. Cobrem-se de pedrarias ou verdadeiras ou falsas e em tudo brilha péssimo gosto. Este povo parece-me uma nova espécie cínica em todo o sentido, podendo eu apenas referir o que presenciei em companhia de Brugsch quando víamos hieróglifos de uma pedra numa pequena praça do Cairo

Provavelmente Dom Pedro se referia a uma forma de dança do ventre. Talvez seja a primeira referência em textos brasileiros. Entretanto seu "espírito observador" parece dar sinais de um certo preconceito cultural ao tratar dos corpos que não estavam cobertos. De fato, o brilho, as pedras, os cantos e tudo mais não eram do agrado do monarca. Além disso, ressalta encontrar "poucas caras" como a das estátuas dos antigos egípcios. Isso tem relação com a migração e a ocupação (a chegada dos árabes) de outros povos na região... Mas alguns ainda se parecem com os egípcios faraônicos.

> *Chega-se um velho que parecia respeitável levanta a capa e faz de cócoras, no meio da praça, lembrando um trecho de Heródoto, o que o Pai da história diz que as egípcias faziam em pé. A mais estúpida superstição completa o quadro.*

Necessidades feitas de cócoras?

O imperador parece se referir a uma passagem da História de Heródoto que havia viajado ao Egito no século V a.C. Cito uma parte da narrativa de Heródoto para o leitor ter uma idéia: *As mulheres urinam em pé, e os homens acocorados. Eles satisfazem as suas necessidades naturais dentro de casa, mas comem do lado de fora, nas ruas, alegando que as necessidades vergonhosas do corpo devem ser satisfeitas* (HERODOTO, História, II.35: 108-109).

Dervixes, possessão e circuncisão

> *Assisti uma das noites passadas a outra reunião de dervixes uivadores, que não sei como não deslocaram o pescoço com os safanões laterais que lhes davam. Apareceu no meio deles um possesso esperneando e muito custou a um dos dervixes a convencer o diabo falando aos ouvidos do possesso de que era tempo de deixá-lo e a mim ver a cena dos sabres e punhais, que fingem enterrar no ventre e no rosto e olhos, mas que não se representou por não aparecerem os instrumentos e a cerimônia da circuncisão, dentro da casa, em que a criança de 4 para 5 anos berrava antes do tempo, talvez por ter já alguma idéia do que lhe iam fazer. A mãe estava presente: um dervixe creio eu segurou a criança entre as pernas dele, o barbeiro pôs no chão a bacia, meteu o pauzinho, esticou, prendeu com uma espécie de pinça, passou a navalha, curou-o e um alarido de alegria abafou quase o choro do pobre menino, que voltou aos braços da mãe, que o envolveu num véu.*
>
> *O dervixe mostrou aos circunstantes, entre os quais estava eu assentado como os outros em colchões, o testemunho de estar perfeitamente finda a cerimônia. Antes da circuncisão e durante os uivos dos dervixes na rua*

tinham passado bandejas de comida para quem entrava e eu bebi café que me ofereceram na rua. Cobriam-nos bandeiras e lustres que pendiam em cordas passadas de casa a casa, assentando-me eu numa espécie de capoeira de galinha feita de junco trançado e pouco alta para o comprimento.

Não sei se já referi numa de minhas cartas a cerimônia dos dervixes giradores no seu convento. Assisti a ela na 6ª fa. atrás de uma espécie de tribuna circular que domina o recinto onde se reuniram 24 dervixes, dos quais a maior parte girou 3 vezes, abrindo-se as saias pela força centrífuga, como chapéus-de-sol. Os músicos também estavam na tribuna, porém afastados e tocaram instrumentos os mais desenxabidos possível. Depois de tanto exercício era justo que fossem comer cada um na sua cela, como se disse.

Este convento tem 40 dervixes, mas revezam no giro. O maioral é um grande magricela e consta que não admite só noviços por vocação, mas também por gentileza.

As procissões são curiosas e além dos noivos de que já escrevi encontrei uma muito grande com músicos e bandeiras indo no coice dela a cavalo o chefe dos islans com seu grande turbante verde o qual se dirigia ao túmulo de um santo, cujo aniversário natalício festejavam. Não a vi bem, porque o Brugsch disse-me que havia muitos fanáticos e era perigoso perturbá-los em suas devoções.

Já na ida às pirâmides de Sakarah um árabe sem nenhum motivo que eu soubesse chamou-me cão de cristão!

Para ser santo aqui não custa muito: basta viver como Diógenes e fui ver eu que felizmente já se lembrara vestir-se com uns trapos, mas não queria estar senão de cócoras no meio da rua com o criado ao pé, que recebia esmolas e tudo o que lhe oferecia a roda dos devotos. Ele com os olhos semi-fechados resmungava talvez preceitos admiráveis. Há 2 anos que não vive com a mulher, porém traz-lhe esta regularmente docinhos e parece adorar o marido.

Os dervixes

Nestas duas partes do diário S. M. trata dos dervixes; na primeira, como aqueles que estão presentes no ato da circuncisão e que de alguma forma são capazes de livrar alguém da possessão de forças malignas. Na segunda parte, passa a tratar dos "dervixes giradores". A bem da verdade, tive a oportunidade de assistir no Egito uma demonstração desta habilidade. Nesta altura o leitor já deve estar pensando... O que é um dervixe? É um religioso? Um mago? Um profeta? Os dervixes são os praticantes do sufismo e estão ligados a alguma ordem Sufi. No Brasil, por exemplo, existe a Ordem Halveti Al-Jerrahi.

De modo resumido, assim como em outros sistemas, o sufismo tem como objetivo fazer com que o ser humano retorne à fonte por meio do conhecimento de si mesmo e de sua função no universo. Neste aspecto, o sufismo parece estar mais intimamente ligado a uma mística islâmica. De fato, não é possível concebê-lo sem uma base do conhecimento sagrado do Islã. Então o que significaria a cerimônia dos dervixes giradores a que o imperador se refere? Uma forma de culto? Meditação? Bem, o giro seria uma forma de oração e conexão espiritual.[29]

Vale observar que o imperador descreve esse movimento com riqueza de detalhes e comparando o que acontece com suas vestimentas a uma árvore bem típica das praias brasileiras: *abrindo-se as saias pela força centrífuga, como chapéus-de-sol*. Seu estilo revela certa ironia e, até, crítica explícita, quando se refere aos instrumentos dos músicos ("desenxabidos"). O fato de ser egiptólogo não significa absorção da cultura, mas vívido interesse pelo acervo histórico.

Críticas explícitas

> Quem fuma haschisch e diz muitas asneiras, durante a bebedeira, também mostra propensão para a santidade destes muçulmanos. Há três espécies de haschisch, que eu vi numa das lojas dos bazares, as quais são como nichos onde os vendilhões, estão de pernas cruzadas cercadas às vezes, de bugigangas inumeráveis. Uma destas espécies faz rir e, com efeito, ao fumá-la, o árabe fingiu, pelo menos, dar muitas gargalhadas para apanhar backschisch (dinheiro) palavra que se ouve proferir a cada canto, e de mão logo estendida.
>
> Eu só dava aos cegos, que talvez sejam a sexta parte dos habitantes do Cairo e aos aleijados também freqüentes.

---

29. Para saber mais sobre sufismo e dervixes consulte o site http://www.masnavi.org/jerrahi/

A outra inspira idéias lúbricas e a terceira fantásticas. Vende-se na forma de maçinhos. Proximamente deve ser o Bairam, que se segue ao Radamam e então costumam ornar os túmulos de flores durante alguns dias, o que produzirá singular efeito no areal dos cemitérios, como acontece com os lustres, arandelas e bandeiras nestes corredores imundos alcunhadas ruas, quando há qualquer festa em casa próxima ou procissão.

Dizem-me que também há aqui a circuncisão das mulheres, o que compreendo não só pela limpeza, como para evitar costuras, que também fazem estes povos, porque a viagem a Meca é ausência demasiadamente prolongada e as paredes do harém não bastarão.

Mas conversemos de assuntos que não trescalem os aromas do Cairo.

Há aí bastante divertimento para os civilizados. Os teatros da ópera e francês são bons, o hipódromo é grande e também existe um circo de cavalinhos, cujo edifício nem mesmo vi interiormente.

Fui a um café — chantant —, que interessou-me por serem instrumentistas e cantores na maior parte muito sofríveis, quase todos da Boêmia e aparentados, sendo o resultado de sua digressão artística ganharem com que viver na sua pátria, casando muitos entre si.

Entrei também noutro de feição um pouco árabe, onde quase pego no sono, ouvindo um senhor Bey, que Brugsch apresentou-me e pretende conhecer tanto as leis de elevação do solo egípcio que, pelo reconhecimento do número de pés que um monumento está enterrado, diz logo o ano em que foi feito! Apesar de tudo, este Bey pareceu-me inteligente e Brugsch diz que é honrado, cousa rara no Egito.

Nubar-Pachá passa por não respeitar o 7º mandamento, e entre os ministros cita-se com grandes louvores por sua honradez Cheriff-Pachá ministro do governo, antigo escravo do célebre coronel Seves, francês que tanto serviu a Mohamed-Ali e com cuja filha casou aquele.

Em 10bro vão cantar a nova ópera de Verdi Aída, assunto da época de Ramsés 2 (Sesastris) e cujo cenário, vestuário e mais acessórios foram feitos em Paris sob a direção de Mariette. Procurei com empenho vê-los, sobretudo por causa de um cenário que representa edifícios de madeira desses tempos, os quais Mariette disse-me serem de arquitetura graciosa e semelhante à arábica, mas tudo se achava ainda hermeticamente fechado e o diretor da ópera Dvanet Bey, que outrora foi boticário e, segundo Mariette, manipula as belas artes como se fossem drogas, nada pôde fazer.

Circuncisão feminina

Dos três tópicos acima, os dois primeiros demonstram um pouco da cultura do Egito, sob o crivo do imperador. Uma talvez seja surpreendente e se refere à possível circuncisão de mulheres no Egito árabe, por razões de "limpeza" e de "evitar costuras". A menção gera indagações. Era uma prática corrente? Será que ainda ocorre? No artigo *Female circumcision in Egypt: social implications, current research, and prospect for changes*[30] de Assad MB - Stud Fam Plann. 1980 Jan;11(1):3-16 (National Library of Medicine), ao analisar essa prática, o autor verificou que poderia ter sua origem no Egito faraônico, mas foi reforçada pelo islamismo, por acreditar que atenuava o desejo sexual da mulher.

Tal operação pode ser definida como a retirada parcial ou completa da parte externa da genitália, variando do prepúcio do clitóris, do próprio clitóris, dos pequenos e grandes lábios. Ao que parece, a prática existia nas camadas sociais menos favorecidas do século XX, mas foi reduzida após forte campanha do governo egípcio, nos anos 90. A referência feita pelo imperador merece, portanto, crédito.

Dom Pedro II afirma que o Egito possuía "divertimento para os civilizados". De fato, no final do século XIX, o país pretendia viver a modernidade, inclusive quanto ao progresso tecnológico e industrial. Entretanto, isto não parecia tornar o Egito civilizado aos olhos do imperador, sobretudo, no que se refere a algumas práticas culturais já abordadas. Por outro lado, a encenação local da ópera Aída, de Verdi, parecia ao imperador um símbolo de atualização, embora ele não tivesse a oportunidade de acompanhar o espetáculo, porque precisou seguir viagem.

---

30. Circuncisão feminina no Egito: implicações sociais, pesquisas atuais e perspectivas de mudanças

Brugsch e o êxodo dos hebreus em Tanis

A visita à casa de Brugsch foi interessantíssima por causa de manuscritos Coptas, e seu belo mapa do Egito antigo que ele mostrou-me. À vista desse mapa procurou ele convencer-me de que os Hebreus saíram de Thanis (Sane) e fugiram do exército do Faraó por uma restinga dos lagos do Norte do Delta. As vagas impelidas por algum Khamsin furioso teriam destruído aquele exército ao atravessar a estreita restinga. Um monumento perto de Thanis diz que fora ele construído pelos Habraiú (provavelmente apiru). Apesar da opinião de Brugsch ainda penso que os Hebreus passaram para a Ásia junto a Suez. Mas as minhas relações literárias com Brugsch hão de continuar e espero dever informações curiosíssimas como as que já deu-me, tendo ele me feito conhecer o Dr. Saga médico distinto alemão, em cuja casa vi Nyam- Nyam de 13 a 14 anos, que por sua fisionomia não parece ter pertencido a um povo do interior da África, o qual é antropófago.

O viajante Schweinfuhrt foi quem primeiro visitou esse povo assim como o dos pigmeus, que vivem perto tendo somente 3 a 4 pés de altura.

Adeus! Estou caindo de sono.

No final do século XIX, o Êxodo parecia ser uma realidade histórica, mas com sinais de controvérsia. Brugsch não acreditava na passagem pelo Mar Vermelho, mas por uma região de lagos rasos, ao Norte. Aliás, os egiptólogos não parecem aceitar a versão bíblica do Êxodo, acreditando que, se existiu, não foi como dizem as escrituras, com o que também concordo. Talvez um estudo transdisciplinar, envolvendo arqueólogos bíblicos e egiptólogos, possa levar a um consenso.

Arqueologia astronômica

11 de novembro de 1871 *— Que belo tempo para a viagem! Não sofro nada e posso escrever.*

Antes de deixar Alexandria ainda fui ver com Mohamed-Bey os vestígios que ele julga ter achado da antiga cidade.

Mohamed-Bey, que vi muitas vezes no Cairo foi discípulo estimado do Arago. É árabe e parece excelente pessoa. Agora dirige o levantamento da carta do

Egito. Deu-me diversas publicações suas entre as quais uma memória, onde ele quer que as pirâmides tivessem sido construídas em honra de Sothis (Sirius) por isso que no solstício de verão essa estrela ilumina perpendicularmente uma das faces da grande pirâmide e as outra que ele enumera, mas que não são a maior parte, tem a mesma orientação da base e quase a mesma inclinação das faces.

Brugsch e Mariette riem-se da idéia, também eu creio que isto é querer que haja uma arqueologia astronômica, porém na sessão do Instituto pareceu-me que o presidente e outros membros não deixavam afagar a idéia, quando em conversa toquei nela.

Porém já ia-me alongando de Alexandria, em direção oposta àquela em que nunca será demais que eu caminhe. Mohamed-Bey mostrou-me na verdade duas calçadas de grandes pedras nas direções da porta Canópica e do cabo Lochias, devendo a 1ª ser a rua Canópica e a 2ª a real por estar o palácio dos Ptolomeus perto do Lochias e depois levou-me ao lado de Necrópolis até um campo onde há pedras de um edifício, que ele diz ter verificado ser um templo. Pareceu-me ver o fragmento de uma estátua, que Mohamed-Bey chama de Antônio e que, segundo ele, se reconheceria se escavasse a areia, referindo-me ele que aí há outra pouco distante de Cleópatra.

O tempo era escasso e não pude ir até o campo de César onde se acham restos de um grande castelo nem examinar outros lugares da Antiga Alexandria.

Mohamed-Bey apontou-me para a colina que fica na cidade atual e era o Panium. Com efeito deve gozar-se de bela vista do alto dela. Pelo sítio que ele indicou-me como sendo o do Soma, a biblioteca dos Ptolomeus, não era onde se acha a casa do Instituto.

É bom não abusar do bom estado de minha cabeça e estômago.

Adeus!

A pirâmide é fonte inesgotável de teorias, em função do fascínio que gera na humanidade. Se no passado era a estrela Sírius, nos anos 1990 do século XX foi a vez da constelação de Órion ser alvo de uma teoria formulada pelo engenheiro Robert Bouval, para quem, em síntese, as "Três Marias" (ou cinturão de Órion) estariam representadas pelas pirâmides de Quéops, Quéfren e Miquerinos. As outras quatro estrelas "brilhantes" da constelação representariam as pirâmides erigidas por Snefru, pai de Quéops. Além disso, a Via Láctea seria representada pelo rio Nilo, ou seja, uma espécie de reflexo do céu na terra — o macrocosmo no microcosmo.

A teoria, não deixa de ser sedutora e bela aos olhos e a mente, além de propiciar uma atmosfera misteriosa. Entretanto, embora tivesse feito sucesso na mídia, no mundo acadêmico, parece ter pouquíssimos adeptos. Todavia, é bem plausível que se possa tecer relações astronômicas neste monumento. Nesse sentido, Mohamed Bey e os membros do Instituto de egiptologia estavam adiante dos egiptólogos e de Dom Pedro II. Hoje em dia, realmente existe uma Arqueologia Astronômica conhecida como Arqueoastronomia.

Brindisi - rumo à Itália, sob aguaceiros

12 de novembro de 1871 — *Tempo excelente. Nem o mais ligeiro incômodo. Já passou Creta muito ao longe.*

Há muitos poucos passageiros a bordo, contudo 2 moços mexicanos que tem viajado quase pelos lugares que eu, têm conversado comigo muito agradavelmente.

Vai ficando escuro. O barômetro baixou tem fuzilado e ventado, mas talvez não haja borrasca.

13 de novembro de 1871 — *Bons dias! Avisto o cabo Matapan e Navarino. Belas terras da Grécia, quando sinto não visitar-vos com minha amiga!*

Ainda não são 7 horas. O tempo está de aguaceiro e o comandante disse-me que choveu a guelas [sic] entre 1 e 2 horas da madrugada. 10h

Vê-se muito bem a ilha de Stamphane (uma das Strophades) com o seu farol. O dia está bom e o comandante disse ao almoço que o barômetro subira. Se o tempo continuar assim pisarei terra da Itália amanhã ao meio-dia e aí espero ter carta ou cartas de Você.

Vou ainda rever minha tradução da ode de Manzoni, cuja estrofe que fala das pirâmides escrevi junto destas.

Sabe que nome entre outros muitos fui achar no cimo da Grande Pirâmide? O de Jenny Lind, mas penso que seria um de seus apaixonados e não ela que aí subiu. Não é árvore para rouxinol.

A data mais antiga que se tem lido nas pedras da grande pirâmide, segundo disse-me Mariette e eu vi é de 1555.

Disseram-me que só três imperadores galgaram a pirâmide: o nosso amigo íntimo o atual da Áustria e o Romano Adriano.

Não sei se lhe escrevi que em Port-Said conheci o Dr. Carogna, grego, que presenteou-me com sua curiosa memória a respeito dos efeitos sobre o organismo das erupções vulcânicas, estudados por ele na ocasião das que abalaram as ilhas de Santorini. Já eu havia lido nos Compte-Rendus um resumo dessa memória, bem como dos trabalhos de Fouqué, de quem o Dr. Carogna deu-me notícias.

O poeta árabe mandou-me os versos com a tradução — poucas frases contendo pensamentos muitíssimo banais. O outro escritor árabe já me tinha lido versos publicados no seu diário a respeito de minha ida ao Egito e reconheci que não eram senão palavras rimando de enfiada, o que, segundo ouvi a Brugsch é mesmo a poesia árabe que não tem metrificação. Valha-lhe o pensamento!

Farei quando puder algumas considerações sociais sobre o Egito tomando por tema estas palavras de Ampère em 1846 na introdução de seu belo livro a respeito dessa região. "L'Egypte intéressa encore dans le présent et dans l'avenir; dans le présent par l'agonie de son douloureux enfantement; dans l'avenir pa les destinées que l'Europe lui prépare quand ele l'aura prise, ce qui ne peut tarder."

Vi bem posto que ao longe Zante e Cepholonia. Naquela descobri casas com binóculo. Tem havido aguaceiros, mas creio que chegaremos amanhã a Brindisi até meio-dia.

14 de novembro de 1871 — 6h 20' da manhã. Bons dias cara amiga.

Avista-se o porto de Brindisi.

Que bela viagem! Compensação da ida para Alexandria.

11h Almocei a bordo às 8, pouco depois da chegada. Já telegrafei e escrevi a Você.

Que saudades veio sua carta ainda fazer-me mais!

Estes foram os últimos dias do imperador no Egito, mas seu retorno ao Brasil ainda levaria alguns meses. Vale, no entanto, tratar do que ocorria na Corte, na ausência dele. No final de 1871, tramitava na Câmara do Rio de Janeiro o projeto que se transformaria na Lei nº 1650, de 20 de dezembro de 1871, sobre a criação de bibliotecas populares. O artigo 1º dizia:

> *"Fica criada em cada uma das cidades da Província, uma Biblioteca popular". O Presidente da Província também deseja que a Biblioteca tenha jornais mais importantes do país e ela deve ficar a cargo da Câmara Municipal.*

Regresso com festas

O retorno do imperador ao Brasil foi um acontecimento marcante, amplamente explorado pela mídia da época, a julgar pelas notícias na revista Semana Illustrada e no Diário do Rio de Janeiro é possível ter uma ideia de tal evento. O imperador, a imperatriz e a comitiva, vindos de Lisboa, chegaram ao Rio de Janeiro no dia 30 de março de 1872, a bordo do paquete inglês Boyine. Telegramas recebidos pelo Diário do Rio de Janeiro davam conta de que o paquete estava próximo. Pensava-se que o navio já estava prestes a atracar, mas ainda estava nas proximidades de Maricá. A população, no entanto, continuava a aguardar. No dia 30, no Arsenal de Marinha, às 7 horas, as Suas Altezas Imperiais — a Princesa Isabel e o Conde D'Eu —, membros dos Ministérios e da Corte, a bordo da *Galeota Imperial* foram em direção ao paquete Boyine, retornando por volta das 10h15. Enquanto isso a população esperava...

Segundo o Diário do Rio de Janeiro, era uma multidão:

> *"...O edifício (Arsenal de Marinha) estava dominado. Imenso concurso do povo enchia as ruas da Primeiro de Março, Ouvidor e outras [...]"*

O Diário do Rio de Janeiro na edição de 30/31, de março de 1872, fornece informações detalhadas da preparação dos festejos para receber o imperador e que duraram três dias. A Câmara havia organizado diversas comissões para preparar as boas-vindas. Algumas ornamentações ficaram a cargo de empresas, o Banco do Brasil, que preparou parte da rua Primeiro de Março, onde havia pórticos e pilares. Edifícios públicos foram embelezados, praças ornamentadas e diversas ruas receberam decoração especial. Enfim, uma grande festa!

No Arsenal de Marinha, um vistoso e elegante "arco do triunfo" foi erguido, com dois dragões sustentando a esfinge de Sua Majestade Imperial, além de um elemento oval tendo no alto da coroa brasileira quatro figuras simbolizando o Comércio, a Agricultura, as Artes e a Indústria. A estrutura monumental era sustentada por quatro colunas dóricas e continha símbolos marítimos, bem como a mensagem: "A Marinha Brasileira saúda Sua Majestade Imperial". Além disso, foram construídos dois belos coretos, para abrigar os músicos das bandas marciais. Na praça do Comércio, dois arcos foram erigidos pela comissão de comerciantes. Eram menores, porém, que o gótico de 14 metros de largura e 28 metros de altura, erguido em frente à rua do hospício, onde havia três portões, um central e dois laterais.

No Largo do Paço (Praça XV), bem à entrada de um mercado, que não existe mais, foi construído um pequeno coreto que seria iluminado. O trecho da rua Sete de Setembro, entre a Praça XV e a rua do Carmo, ficou a cargo da comissão dos empregados da Alfândega e que caprichou na criatividade, ao fazer alusão a quarenta pirâmides e citando o nome das principais cidade visitadas por Dom Pedro e Dona Teresa Cristina, tudo enfeitado por uma grande estrela.

Na rua do Ouvidor, desde a Primeiro de Março até o Largo de São Francisco, havia uma sucessão de arcos iluminados e decorados com flores e bandeiras, o que causou grande impacto, conforme relato do jornalista responsável por uma das matérias na mídia:

> "...a profusão de iluminação em particular dão a esta rua aspecto maravilhoso..."

No largo da Lapa, a cúpula de um pavilhão ostentava a esfera milha e a coroa imperial. Duas escadas, ao Norte e ao Sul, davam acesso a uma área reservada à banda dos Fuzileiros Navais, que se apresentou durante três noites em um ambiente iluminado por 1.200 velas.

Estes são apenas alguns exemplos para demonstrar como o retorno do imperador foi festejado na cidade do Rio de Janeiro, segundo a imprensa (e ao que parece) com ampla participação popular.

Enquanto o Diário do Rio de Janeiro se concentrava nos festejos, a 591ª edição da Semana Illustrada, a 7 de abril de 1972 (segundo a Fundação Biblioteca Nacional), abordava uma visão político-nacionalista em função dos debates ocorridos nas semanas que antecederam a viagem do imperador, em editorial assinado por um Dr. Semana, que vamos acompanhar com comentários:

O imperador

Traja galas o povo brazileiro.

São justas essas manifestações de soberano a soberano.

O Brazil, ouvindo os echos encomiasticos da Europa, ao descendente preclaro do duque de Bragança agradece os titulos immensos com que acaba de representar-se a America ante o velho mundo.

Na magestade do regozijo popular mais esplende a soberania do rei-sabio.

Parece claro que a cultura do imperador era muito considerada, a julgar pelos títulos recebidos ao longo da viagem. Não se tratava apenas de uma questão político-diplomática, até porque ele seguiu como cientista, mas sim do reconhecimento do "Velho Mundo" pela cultura de Dom Pedro II. O autor do editorial deixou claro que as homenagens eram justas.

Não era preciso que a edilidade previnisse os seu municipes; não era preciso que a caricata etiqueta limpasse os seus galões, renovasse os arminhos e convocasse os seus caudatarios, para que o tão esperado príncipe achasse na volta um cortejo digno de seu alto renome.

A magestade incontestavel de D. Pedro de Alcantara encontrou-se mais bem retribuida nos braços do povo, escutando-lhe nas saudações espontaneas as antecipadas cortezias da posteridade.

Ao contrário da visão dura dos republicanos, o imperador parecia estar nas graças do povo. Vale a pena imaginar que, se a saúde dele não estivesse tão debilitada e os problemas do país não fossem tão complexos, talvez em lugar da proclamação da República, mais adiante, houvesse um terceiro reinado forte! De qualquer forma, a simplicidade no modo de agir e se vestir, sem os excessos costumeiros da nobreza, podem ter deixado o Monarca nos braços do povo.

Gloria ao rei que, disfarçado em simples particular correu os paizes mais civilisados do outro hemispherio, exhibindo nos lumes da intelligancia prioridades mais estimaveis que todos os sequitos ostentosos com que se dão a conhecer as realezas transitorias.

O principe americano, passando modesto entre grandezas e miserias do antigo continente, levava impressa na memoria e realisada na propria pessoa magnifica sentença de um tribuno europeu absorto nos explendores do tumulo de Abrahão Lincoln:

"— E' mais para invejar o varão que se faz grande e nobre pelo engenho e pelos actos do que o que já nasceu entre brazões herdados. "

E ssim não ê de admirar que o Senhor D. Pedro II prescindisse das re-commendações da purpura e sceptro para captar sympathias e adhesões de povos que ha tantos seculos, têm visto medrar e expandir-se, até em lagos de sangue, a arvore das monarchias enraizada no coração da vetusta Europa.

Povos taes já se não levam pelo fatuo brilho dos mantos luxuosos que, muita vez, longe de esconderem as defiencias moraes de quem os veste, só servem de tornar mais destacavel a ridicula pequenez de quem os arrasta só pelo direito de nascimento.

Sahindo temporariamente do novo mundo, o imperador do Brazil teve em mira verificar o que leu, tratar de egual a egual com os privilegiados da sciencia; admirar de mais perto as evoluções miraculosas da industria, reverenciar em magnificencias architectonicas e em ruinas preciosas o trabalho do artista e do artifice immortalisados na pedra que se impregnou eternamente da scentelha divina.

> *O applaudido e conspicuo visitante cumpriu os seus intimos desejos. Esqueceu-se de que era rei e fez a continencia de homem á magestade do genio; familiarisou-se com os sabios; desceu até a mais poenta officina, onde admirou como se transformam em aljofares para a coroa do progresso os copiosos suores do proletariado; encontrou vestigios sangrentos de Cezar, de Carlos Magno, e de Bonaparte quasi que apagados pelas lucidas pennas que, no incessante adejar, cahiram das azas d'esses homens-aguias chamados Galileu, Skakespeare e Dante.*

O Dr. Semana tocou na ferida das discussões que antecederam a viagem. Havia quem pensasse que o imperador deveria fazer uma viagem oficial em um navio brasileiro, mas outras pessoas não concordavam com isso, mais propensas a valorizá-lo pela forma como se apresentou ao longo do trajeto. Diferentes opiniões são bastante comuns na política, inclusive na atualidade.

O autor do editorial engrandece a qualidade do imperador como um particular (uma pessoa comum) que debate em igualdade com sábios, que escuta e deseja aprender sobre as inovações, que a monarquia não precisa de fausto ou pompa para legitimar-se. Quando a República chegou, houve quem assegurasse que a população assistiu ao fato "bestializada". Nesse sentido, quem quiser se aprofundar na questão pode consultar o livro do professor Dr. José Murillo de Carvalho: *Os Bestializados — O Rio de Janeiro e a República que não foi.*

> *Apreciando com o devido criterio todos esses padrões seculares, em que o passado do mundo representa os enormes contrastes a que vive sujeita a humanidade, o monarcha brazileiro, por mais que admirasse a supremacia da sciencia, das artes e das industrias n'aquelle fóco da civilisação, não poude subtrahir-se á doce lembrança da patria, do sol vivificador dos tropicos, da natureza virgem e resplendente da America, onde as conquistas do braço e do pensamento ainda se não representam nos tristes cansaços da térra e do homem.*

> *Eil-o que volve ao regaço da Patria, onde para gloria do seu throno e por credito da religião já não vê a vida do futuro escravisada, contra as santas isenções da maternidade, pela execranda cobiça do sordido negreiro!*

Eil-o que volve á florida e inexhaurive natureza americana onde o seu bom destino armou-lhe o throno para que a sua magestade sobrevivesse ás decrepitas monarchias tão contrarias á felicidade do povo que já nem ouvem o brado quotidiano da natureza.

Eil-o que volve ao remanso do lar, ao grato conchego da família, aos gloriosos misteres da magistratura suprema da nação, onde o esperam largos dias de ventura crescente, no meio do povo mais rico de esperanças.

O egrégio filho da América foi contemplar na velha Europa o tumulo dos seus grandes ascendentes para voltar mais amigo da icomparavel terra do seu berço.

Possa elle applicar em proveito de tão privileigada terra as lições que recebeu de tantos séculos, resumidos na gasta esphera em labuta e ferver o espírito europeu!

São estes os votos que ao imperial recém-chegado vem por sua vez dirigir, em prol da família brazileira e por homenagem a sua incrueta monarchia, o Dr. Semana.

Não por acaso, o editorial menciona a Lei do Ventre Livre, conhecida como "Elemento Servil", uma luta do imperador, do Barão do Rio Branco e de outros tantos ativistas e abolicionistas. Bem, talvez este período da monarquia brasileira fosse diferente do anterior, pelas inovações e ilustração. E pelas cartas que escreveu ao Visconde Alfredo d´Escragnolle Taunay, pois durante o exílio na França sempre cultivou um coração brasileiro. Enfim o imperador chegou. Mas os planos para uma nova viagem já estariam em sua mente? O fato é que aconteceu, sim, em 1876, e é desse novo périplo que vamos tratar em seguida. Foi mais fácil de ser concretizada que a primeira, embora também longa e rica em termos de egiptologia.

5
capítulo

A segunda e diferente incursão 1876/1877

O segundo diário do imperador tem algumas lacunas, porque só parte dele foi resgatada. Ao que parece, os escritos foram encontrados em uma escrivaninha da mobiliária imperial. A nova viagem ao Egito, que também vamos acompanhar, aconteceu em 1876/1877, para Gizé, Saqqara e Beni Hassan.

> *Dia 11 de dezembro de 1876* — *Às 2 — partimos do porto de Gizeh no vapor Feruz (turquesa).*
>
> *Ocaso esplendoroso; as copas das tamareiras pareciam inflamar-se ao contato dos raios do sol.*
>
> *À direita, notei em longínquo plano pirâmides de tijolo formando as "fiadas de Sakarah".*
>
> *Às 5 —, ancoramos em Marguna, havendo navegado 22 milhas inglesas.*

O relato nem faz menção à chegada do imperador e comitiva em Alexandria, como na primeira viagem. O diário parte de Gizé (Guiza) região próxima ao Cairo, na época. Pelo visto, o vapor *Feruz* (Ferouz, talvez) se movimentava lentamente — três horas para navegar 35,4 km! — , o que não parecia incomodar o imperador, que apreciava o pôr-do-sol no Nilo. Imaginar a cena descrita por Dom Pedro II, admito, me causou certa nostalgia. Quando estive no Egito, fiz questão de apreciar justamente o pôr-do-Sol — o deus Rá —, que navegando no corpo da deusa Nut lentamente desaparecia entres as montanhas. Sempre recomendo essa visão, do poente ou do amanhecer, a quem viaje. Apreciar o céu sobre o Nilo é um privilégio. À noite, basta olhar para cima e apreciar incontáveis estrelas. Depois de ler os diários do imperador, em uma próxima viagem à terra dos Faraós, sem dúvida vou me lembrar, e muito provavelmente me perguntarei — O que estaria ele dizendo neste ou naquele momento junto com seus amigos? O que estaria pensando?

Um fato curioso sobre o viajante ilustre é que ele não dedicou muito tempo às pirâmides de Saqqara, preferindo outros monumentos. Talvez não tivesse tempo para tantas visitas. Só temos como supor, já que não podemos perguntar a ele.

Pirâmide de Sakarah ao longe...

Dom Pedro II se referiu à pirâmide de tijolos e às *"fiadas de Sakarah"*. Nesta região existem muitos monumentos e a pirâmide do rei Djozer da 3ª dinastia (2649-2575 a.C.) provavelmente foi a que o imperador viu. Ao que parece, inicialmente foi construída uma *mastaba* — túmulo em forma de trapézio — que recebeu estruturas sucessivas na arquitetura chegando no formato de uma pirâmide com seis degraus. Foi obra de Imhotep (nada a ver, claro, com o sacerdote Imhotep do filme a Múmia!), vizir, arquiteto, chanceler e Grande Inspetor do deus Rá ou seja, sumo sacerdote de Rá durante o reinado do faraó Djozer, o proprietário da pirâmide. O vizir também foi patrono dos médicos e, após a sua morte, foi cultuado como deus, apesar de não ser da realeza.

Djozer era o nome dado pelos visitantes do Reino Novo (1550-1070 a.C.) ao faraó que ordenou a construção deste complexo em Saqqara, segundo o egiptólogo Mark Lehner. Ele teria reinado 19 anos (2630-2611 a.C.).

O Complexo de forma retangular, no qual estava incluída a pirâmide era, e continua sendo, imenso! Para se ter uma idéia, a região era cercada por um muro de 10,5 metros de altura, com 544,9 metros de comprimento e 277,6 metros de largura. Ou seja, poderia conter dez campos de futebol com as medidas mínimas para jogos internacionais (100mx64m). Concluída, a pirâmide ficou com 62,5 metros de altura — o equivalente a um prédio de 21 andares —, e 121x109 metros de base, além de ter inúmeros corredores e salas que podiam estar até a 30 metros de profundidade. No mesmo complexo havia templos, capelas, pavilhões etc. A ciência atesta que são obras da engenhosidade de povos antigos, e não de povos estelares.

Figura 15. Estas são as "fiadas de Sakarah".
O imperador provavelmente viu a pirâmide como nesta foto, da época da viagem ao Egito.

Figura 16. Atualmente, a área da pirâmide de Sakkara está livre de areia e pedras.

Esta pirâmide pertence ao reinado do rei Djozer (cerca de 2600 a.C.) e possui longos corredores internos. Foi construída de tijolos, a partir de um tipo de tumba em forma de trapézio, conhecida como mastaba. Fonte: Julio Gralha, 2019.

Dia 12 de dezembro de 1876 - — *6 horas da amanhã* — O sol levante toma o colorido de apagado arco-íris. Egito, diz Heródoto, é um presente do Nilo, que vejo carregar turvas águas sedimentosas vivificadoras da vegetação, adorno das margens.

Às 2 horas, passamos por Beni-Suef, tendo reparado, à direita, na pirâmide de Meidum, a que chamam falsa e composta de dois troncos de pirâmide de base a um terceiro.

Em suas imediações descobriu Mariette Bey as duas estátuas de homem e mulher assentados e com olhos de vidro.

Os cartuchos datam da terceira dinastia (mais de 4 000 aC.)[31]

As cores estão muito bem conservadas, sendo característicos os traços fisionômicos e diferentes dos da estátua de Quefrem, o rei da segunda pirâmide de Gizeh

Quando vim ao Egito pela primeira vez essas duas estátuas ainda não figuravam no museu de Bulaq.

Durante largo espaço de tempo avista-se a pirâmide de Meidum.

Antes das três horas, começam a aparecer, à esquerda e além das colinas, as montanhas de alabastro.

Quase às 4 horas — Passamos por Bibeh, onde a coxilha à margem esquerda adianta-se para o rio, formando um promontório cujo perfil se assemelha à uma escada. Encalhamos esta manhã; somente, porém, durante alguns minutos; o rio deve vazar alguns meses ainda.

A todo instante, sulcam o Nilo os dahabiehs freqüentemente ajoujados por tábuas e transportando grandes medas de forragens. Duas dessas grandes embarcações arvoraram hoje a bandeira inglesa, a proteger viajantes dessa nacionalidade, tanto quanto pude deduzir da aparência dos passageiros.

Leio no guia de Mariette Bey que, com certo cunho de verdade, se atribui a pirâmide de Meidum ao rei Senoferu, predecessor de Queops (o da grande pirâmide de Queops, da IVª dinastia, 4 225 aC.).

Às cinco paramos perto de Fechu, onde as colinas da esquerda vêm morrer no rio, destacando-se-lhes perfeitamente a disposição das camadas horizontais.

A certa distância da barranca direita, percebo as altas chaminés de um dos engenhos centrais de açúcar do Quediva. Já avistara outro do mesmo lado e em frente a Bibeh Pretende Mariette que a pirâmide de Sakarah, de que falei ontem, pode ser atribuída ao rei Uenefes da primeira dinastia (5 000 aC.).

---

31. Atualmente a datação é algo em torno de 2600 a.C.

Meidum

Tratemos um pouco da pirâmide de Meidum, que é atribuída a Sneferu, que se tornou faraó por volta de 2575 a.C., na 4ª dinastia, e foi responsável pela construção de quatro pirâmides. Três delas colossais — a de Meidum, duas outras em Dashur — e uma pequena, em Seila. Os pesquisadores parecem concordar que esta é a primeira pirâmide real, embora construída em degraus. Ou seja, não evoluiu de uma *mastaba* como a de Djozer.

Segundo o egiptólogo Mark Lenher, "De muitas maneiras Meidum é a mais misteriosa de todas as grandes pirâmides". Bem, quantos mistérios ainda estão para ser esclarecidos, não é? Não é fácil, pois a tal pirâmide tem pelo menos 4550 anos!

Ao que tudo indica, a pirâmide de Meidum possuía o nome faraônico de *Djed Seneferu*, que poderia ser traduzido por "Sneferu perdura". Foi construída em três grandes etapas, concluídas no 14º ano de reinado do faraó. Tinha uma base de 144 metros e a altura de prédio de 30 andares, aproximadamente 92 metros. Do que é capaz a mente e a vontade humana! Foi, porém, abandonada sem que se saiba por qual razão.

O casal Rahotep e Nofret

O casal citado pelo imperador é uma peça de arte que impressiona por sua qualidade. São estátuas em tamanho natural do príncipe Rahotep e de sua esposa Nofret, e foram encontradas por Mariette numa *mastaba* na região da pirâmide de Meidum. É possível que o príncipe tenha sido filho de Senefru e que tenha ocupado altos cargos na administração deste faraó.

Engenhos de açúcar no Egito

O imperador salienta o trabalho do Quediva (Khediva) em relação à produção de açúcar e álcool, mas vale observar que, embora fossem as mais corretas para a época, as datações utilizadas pelo imperador estão em desuso nos círculos de Egiptologia, História e Arqueologia. Atualmente, para a 1ª dinastia, considera-se algo por volta de 3.000 a.C., por exemplo.

Beni Hassan, Speos, Artemidos

Dia 13 de dezembro de 1876 — Não há dúvida! Estamos no Oriente onde ninguém tem pressa. A custo partimos às 6 ½. As datas da história do antigo Egito ainda estão muito longe de se tornarem precisas. Para os egiptólogos alemães há uma divergência de 2.079 anos entre os limites da época do primeiro rei Mena (o estável), o Menés dos gregos. O meu amigo Brugsch acha que vivia em 4.455 aC.

As montanhas de Ambia apresentam formas estrambóticas; procurei desenhar-lhes os contornos.

Às 12 ¼ contrapunham o minarete de Samalut, sito à margem esquerda, a sua elegância à das tamareiras. Pouco depois, mostraram-me o lugar onde virou, numa lufada, o dahabieh que transportara Campbell e outros ingleses, afogados por não terem conseguido sair do camarote, completamente fechado.

Quase em frente, no cume de um rochedo da margem direita chamado Gebel Teil (montanha dos pássaros) ergue-se o Deir-el-Bakarah, convento da talha; nome proveniente do moitão que servia para suspender os que visitavam o mosteiro.

Habitam-no monges mendicantes que costumam, a nado, pedir o backschisit (esmola). Escapamos dessas visitas.

1.20 — As montanhas da margem direita afastam-se do Nilo em El Baikur, formando uma espécie de anfiteatro.

Às 2 ½ desembarquei em Minieh[32], pequena cidade, para visitar um dos engenhos do Quediva, grande usina provida de aparelhos Derosnes e Cail, e produzindo anualmente cinqüenta mil quintais de açúcar e quatrocentos mil litros de álcool a 40 graus.

Nesse porto encontramos uma dahabieh[33] com bandeira inglesa e, um pouco a montante, outra que, segundo penso, levava Sir John Elliot e a família.

Nas proximidades de Beni Hassan vê-se areia entre o rio e as montanhas, assim como sobre estas, cuja desagregação é visível.

O pôr-do-sol abrasava a margem oposta.

---

32. A atual cidade de Al-Mynia.
33. Navio de passageiros para navegar pelo rio Nilo.

> Às 5.40 ancoramos.
>
> Encanta-me esta viagem; uma coisa, porém, entristece-me: penso nos amigos que estão privados destes gozos.
>
> Não posso repetir com o filho do Faraó Aen: "Conserva-te alegre, durante toda a existência. Acaso houve quem saísse do túmulo?"

Nesta parte da narrativa, Dom Pedro II conversa com seu amigo egiptólogo sobre o rei da primeira dinastia do Egito Antigo. Mena (ou Menes) teria concluído a unificação do Egito, tornando-se o primeiro faraó. Atualmente se usa uma cronologia diferente, que situa o primeiro rei das Duas Terras, ou seja, o Egito unificado, entre 3.100 a.C. e 2.920 a.C. Talvez a ideia de se colocar a datação para além do ano 4.000 a.C. possa ter uma relação com a da criação do mundo, tomando por base elementos bíblicos, pois, ao que parece, no século XIX os teólogos sustentavam a data de 4004 a.C. para a origem. Uma civilização mais antiga do que isso romperia com este modelo, que de fato já sofria críticas com o estudo dos fósseis.

O imperador também tem o interesse de visitar o sistema de produção de açúcar, considerando que no Brasil tal produto era importante para as exportações.

Figura 17. Dahabeahs do século XIX.
Fonte: Fundação Biblioteca Nacional — Biblioteca Nacional Digital.

Figura 18. Dahabeahs do século XXI.

Nas figuras 17 e 18 está a embarcação *dahabeahs* citada por Dom Pedro II e aparentemente bastante comum durante sua viagem. Na figura 17 temos um exemplo do final do século XIX e, na figura 18, outra do século XXI. Fonte: Julio Gralha, 2007.

Encanto por grutas e tumbas

Dia 14 de dezembro de 1876 — *Desembarcando às 6 ½, parti montado em burrico, de modo muito característico — o cavalo e o camelo só figuram nos monumentos egípcios depois da décima dinastia (3.000 aC.).*

Visitei quase todas as grutas de Beni Hassan. Escavaram-nas nos rochedos da margem direita para servirem de túmulos (verdadeiros poços abertos no solo das grutas e tendo dos lados outros por onde passavam os sarcófagos.

As duas grutas Setentrionais são as mais interessantes.

A primeira que visitei é a sepultura de Xnumhotep, monarca do distrito de Sah, durante o reinado de Usirtasen II (2 400 aC.) e cujos cartuchos trazem o seu nome oficial e o da família.

A face norte apresenta pinturas e hieróglifos interessantíssimos.

Trinta e sete indivíduos da tribo dos Amon (nome semítico; do hebraico am povo, ou do copta, que também pode ser considerado como semítico, amon pastor, carreiro) oferecem ao monarca do distrito de Sah um mineral próprio para tingir os cílios e proveniente do país de Pit-Sa (Arábia).

Os companheiros do chefe dos imigrantes, chamado Abera (nome semítico) são homens barbudos, armados de lanças, arcos e clavas, mulheres e crianças, com jumentos carregados de trastes.

O chefe oferece ao monarca um cabrito montês dos que se encontram na península do Sinai.

A segunda gruta é o túmulo do monarca do mesmo distrito chamado Amenhi, contemporâneo de Usirtasen I, (cujos cartuchos já tive ocasião de ver) e de Amenemhait II, cujos cartuchos com o nome oficial também já li (2 400 aC.)

A gruta tem uma tríplice abóbada no sentido do comprimento, com fiadas de quatro colunas dóricas de dezesseis faces caneladas, exceção feita das que simetricamente se acham no sentido perpendicular à porta da entrada; todas muito belas.

Vi outras colunas dóricas de oito e dezesseis faces, mas não caneladas, numa gruta, onde formavam como que um vestíbulo; é inadmissível que tenham sido trabalhadas em época posterior à abertura da cava que deixaram incompleta e parece nunca ter servido de túmulo.

Nesse pequeno vestíbulo há hieróglifos; avistei também muitas outras cavas assaz profundas e perpendiculares à parede.

Sobre as portas de entrada das duas grutas há desenhos curiosíssimos.

Alcancei o navio um pouco à montante, o caminho é melhor e bem bonito por causa das tamareiras.

Também percorri a gruta chamada Speos Artemidos (gruta de Diana, em grego) e que não passa de um túmulo aberto sob Set I, pai de Ramsés II, (1 400 aC.) cujos cartuchos se destacam dentre inúmeros hieróglifos.

No fundo da lapa que está mais ao Norte em Beni Hassan vêem-se, num quarto, três estátuas assentadas bastante conservadas, em baixo-relevo, sendo que das três a maior é a do meio.

Em uma das outras notei também, numa espécie de nicho ao fundo, certa pedra saliente com ares de múmia em baixo-relevo.

Uma das coisas que mais me interessaram nas grutas de Beni Hassan foram as colunas, que procurei esboçar.

Imitam quatro troncos de árvores amarrados pela parte superior por meio de cordas; nos intervalos dos troncos existem, no sentido do comprimento, peças de madeira destinadas a consolidar o conjunto.

Pouco depois de Beni Hassan, vimos Rodah, à margem esquerda, onde os edifícios da usina de açúcar do Quediva - ao todo quinze, iguais à de Minieh - oferecem bela perspectiva.

Prefiro a vida da aldeia, à da margem direita, sombreada por inúmeras palmeiras.

Às 3 ¼ chegamos a Haggi Gandel, à margem direita.

Sinto não dispor de tempo para visitar as grutas de Tel el Amarna, correspondentes à XVIIIª dinastia. (1 700 - 1 400 aC.); quase todas servem de sepulcro aos cortesãos de Amenófis IV. Tanto sob esse monarca como sob Ramsés II, representavam os artistas as personagens com os traços fisionômicos do soberano.

Nos túmulos de indivíduos ali sepultados vêem-se figuras com cabeças de eunuco e torsos muito adiposos.

Na Rússia, no reinado da Imperatriz Isabel, promulgou-se um ucasse proclamando oficial certo retrato da soberana e condenando outro que era muito feio.

Vi o original desse decreto na Biblioteca Imperial de Petersburgo.

Amenófis IV deveria ter proibido a reprodução de seus traços grosseiros. Tratem os egiptólogos de achar algum ucasse em hieróglifos.

Às 4 ½ passamos em frente às montanhas de Gebel-abu-Fedra, à margem direita.

Quase à extremidade meridional desses montes acham-se as grutas do Maubdet. Nelas penetrando por uma fenda encontram-se pelo que me contou Mariette Bey - milhares de múmias de crocodilos. No entanto, quase se não os vêem na viagem do Nilo; até agora não avistei um único.

No túmulo de Ti (que vivia sob a Vª dinastia, 3 000 aC.) estão gravadas imagens de crocodilos e hipopótamos que examinei, quando pela primeira vez vim ao Egito. Este túmulo está no local de Menfis; pode-se, pois, concluir que nessa época os dois animais eram freqüentes nesta parte do Nilo.

> Às 5 ¼ fiz um ligeiro esboço das montanhas, crivadas de grutas escavadas ou naturais e depois encontrei uma das dahabiehs dos ingleses que procurava aproveitar a frescura do vento.
>
> Teve porém de parar, pois, já estava escuro; ás 7 ancoramos perto da margem esquerda e um pouco a montante de Manfalout. Esteve admirável o crepúsculo com os seus matizes esverdeados e vermelho claro.
>
> 7h 40m. - As estrelas brilham como diamantes no meio de carvão.
>
> Antes de dormir, estudo a gramática hieroglífica de Brugsch Confesso que muito se tem progredido em matéria de interpretação de hieróglifos, mas é preciso dizer que muita coisa tem sido quase adivinhada. O meu amigo Brugsch parece-me mais sábio; Mariette, porém, fez descobertas mais belas em matéria de monumentos e revela-se mais prático. Desde a minha primeira viagem é um dos meus afeiçoados. O aspecto das margens do Nilo sugere muitas considerações geológicas; julgo que o rio já desembocou no Mediterrâneo em Beni Souef, a oitenta milhas do Cairo.
>
> Assim pensava também o Dr. Gaillardot que conheci por ocasião da minha primeira viagem e pessoa muito estimada pelo Conde Joubert, que a seu respeito a mim se manifestou com profundo pesar, há alguns dias.
>
> Sustentou pertinazmente no Instituto Egípcio a opinião de que este país existia na idade pré-histórica da pedra; creio, porém, que Mariette combateu com excelentes argumentos.

Beni Hassan: cananeus no Egito?

As tumbas de Beni Hassan estão situadas no lado oriental do Nilo, cerca de 20km ao sul da cidade de Al-Mynia. Parece haver perto de 39 tumbas cortadas na rocha datadas Reino Médio aproximadamente entre 2040 e 1640 a.C. Na do alto funcionário Knumhotep II (cerca de 1900 a.C.) existe uma cena de asiáticos (cananeus?) visitando o Egito, que alguns autores pensam ser cananeus no Egito, mas a descrição trata de Hycsos, que teria governado o país por volta de 1600 a.C. O imperador parece ficar maravilhado com as tumbas, algumas amplas e com a pintura original.

Figura 19. Esta foto da década de 70 do século XIX foi o cenário com que o imperador se deparou e descreveu em seu diário.

Fonte: Fundação Biblioteca Nacional — Biblioteca Nacional Digital.

Múmias de crocodilo e estudo de hieróglifo

O imperador, como bom observador que era, relacionou as visitas à Mênfis (ao norte) e a região de Beni Hassan (um pouco mais ao sul), e percebeu que crocodilos e hipopótamos eram comuns na área, apesar de não ter visto nenhum. Como pesquisador, à noite estudava a gramática do amigo e egiptólogo Brugsch (provavelmente em alemão) e lembrava dos debates do Instituto de Egiptologia.

Dia 15 de dezembro de 1876 — Às 6h10m partimos. O dia não foi dos mais interessantes; as paisagens, porém, continuam sempre muito belas. Às 10 atracamos para receber carvão; visitei Siut[34] que é bem populosa e não muito suja. Grandes acácias ensombram a estrada que a ela vai dar. A cidade tem um lindo minarete de pedra.

Fui orar na pequena igreja católica guardada por um capuchinho do convento do Cairo. Disse-me ele que no lugar há uns cem católicos. Parte do bazar de Siut é coberta de madeira.

Às 11 ¼ partimos novamente. À 1 ¼ avistei no horizonte, à direita, o elegante minarete da aldeia de Abu Tig.

À tarde, passamos perto do lugar onde o célebre El Mahdi tanto mal fez aos cristãos que viajavam no rio, tendo chegado a comandar 20 000 sectários que o consideravam como um grande santo.

As montanhas da margem direita apresentam numerosas grutas[35] cavadas pela mão do homem e uma ponta de rochedo assemelha-se bastante a um indivíduo deitado de bruços.

Às 6 ½ paramos a dez milhas de Suhag. O comandante não quer navegar à noite embora o céu esteja muito claro. Isso demonstra sensatez da sua parte, porque às vezes muda a corrente de direção, acontecendo deslocarem-se os baixios após as inundações.

Notei hoje quanto o Nilo carregou grande extensão da margem direita, terreno plantado de belas tamareiras.

Não há pôr-de-sol em que os matizes não sejam diferentes e sempre encantadores.

Antes de chegar a Siut, vi à direita a embocadura de um belo canal que leva a água do Nilo ao Faium: uma das partes mais férteis do Egito e que conto percorrer quando voltar.

Ali fez Amenemhait III, da XIIª dinastia (2 000 aC.) escavar o lago do Moeris (Meri significa lago em egípcio) e construir o labirinto que tem três mil salas e quartos acima do solo e outros tantos abaixo. A palavra labirinto provém das seguintes em egípcio: rape-ro-hun-t ou lape-ro-hun-t que significam: templo do orifício do vertedouro.

---

34. A cidade é conhecida como Assiut.
35. O imperador se refere à tumbas, que na região de Beni Hassan são mais numerosas.

> *O nome moderno do lugar é Elahoun, o canal que provocou uma diminuição de minha ignorância em Egiptologia, é obra do Quediva que realmente tem feito muitos benefícios ao seu país.*
>
> *Muito se desenvolveu, a instrução pública depois da minha primeira viagem.*

Assiut, Lago Moeris, canal Bahr Yussef e labirintos

Ao chegar em Assiut, o imperador foi rezar em uma pequena igreja, e na região havia poucos cristãos, mas hoje em dia é a área onde eles, os coptas, mais se concentram. A cidade tem agora cerca de 400.000 habitantes e um importante centro de ensino, a Universidade de Assiut. O imperador deve ter ficado encantado com o Lago Moeris, obra por muito tempo atribuída ao faraó Amenenhat III. De fato não é bem assim, pois tanto o lago quanto o canal devem-se a um rei da 12ª dinastia (entre 1991-1783 a.C.). A confusão provavelmente se deve ao fato de que Amenenhat III tenha ampliado um lago já existente, com a criação de um canal (hoje denominado Bahr Yussef) mais amplo, daí o surgimento do Lago Moeris — cujo nome em egípcio antigo era "mer-ur" (o grande lago) — irrigando a região fértil do Fayum. O faraó, além disso, fez um templo funerário próximo a sua pirâmide com uma quantidade imensa de salas. Ao visitar o Egito, no século V a.C., Heródoto definiu o local como labirinto.

6
capítulo

Os Templos de Sethi I e Hathor Denderah

Passando por muitas cidades para chegar à Abidos...

Dia 16 de dezembro de 1876 — *Partimos um pouco antes das seis. Paramos em Suhag para tomar carvão. É uma cidadezinha bonita, verdade é que a vi de bordo.*

Às onze, chegamos a Belianeh depois, de haver passado por diversas aldeias, das quais a mais importante é Akhmin à direita. Alcunham-na Um el Bacaur, — mãe de todas as desgraças — pois goza de má reputação sob todos os pontos de vista. É a antiga Chemmis ou Panapolis e nela se acham inscrições da XIIª dinastia, pretendendo os gregos que ali nasceram Danaus e Linceu.

Penso ter decifrado os hieróglifos da entrada da gruta não acabada e o nome de Xnumhotep (XIIª dinastia). No entanto ele não está em cartucho algum, embora pense eu que estes sirvam somente para a inscrição dos nomes de reis, príncipes e cidades.

Chamaram-me a atenção os pombais sobre as casas com a aparência de pequenas fortalezas ameadas. Os pombos são mais numerosos e mais gordos aqui, no Alto Egito.

Dentro em pouco, hei de desembarcar em Beleiut para visitar as notáveis ruínas de Ábidos, a antiga Tenis, onde nasceu o primeiro rei do Egito, Menés (daí Meneston, lugar de Menés?). Noto a semelhança desse nome com os de Manú da Índia e Minos de Creta.

Às 11 e 25, passo em frente a Girgeh, a maior cidade do Alto Egito, depois de Siut. Conto sete minaretes. Perto desta cidade, está o mais antigo dos conventos católicos do Egito.

Daqui a uma hora, aportarei a Belianeh, devendo andar duas ou três léguas a cavalo para atingir as ruínas de Ábidos. O resto do dia talvez não chegue para se ver tudo.

Às 12 e 50 desembarquei em Belianeh, a aldeia dos pombos, à margem esquerda.

Causaram-me surpresa as casas cobertas de pombais onde se implantam galhos, para que os pombos neles se empoleirem.

O solo é bem cultivado e cheio de belos palmeirais.

Atravessei três canais de irrigação e quatro aldeias antes de chegar a Arabat-el-Matfun (Ábidos; Abtu em linguagem hieroglífica); comecei a visita pelo templo de Osíris, completamente desentulhado.

Após os pilonos[36] da entrada, há um grande pátio rodeado de 24 pilastras feitas de grande blocos de pedra, onde se vêem destroços de cariátides (baixos-relevos), logo depois surgem enormes pilonos de alabastro caídos que formavam a entrada da cela. Há um grande número de quartos de ambos os lados do templo.

Nas paredes de um vi uma laje de dimensões avultadas cuja face inferior está coberta de estrelas em meio-relevo, pintadas de uma cor fusca.

Em outro há uma escada de dez degraus, em rampa, muito suave conduzindo à parte superior da parede externa que não devia ser muito alta.

Todos os muros estão cobertos de baixos-relevos e de hieróglifos (alguns dos quais entalhados na pedra) e de pinturas cujas cores e linhas ainda hoje são muito salientes.

---

36. *Pilone* ou *pilono* é uma fachada em forma de trapézio com um portal central por onde se entra no templo.

O templo foi construído e dedicado a Osíris pelo soberano Ramsés II, o Sesostris dos gregos (1 400 aC.), e é contemporâneo do obelisco da praça da Concórdia.

Foi neste templo que se encontrou a tábua chamada de Ábidos e existente no Museu Britânico.

Daí fui ver o templo de Set, pai de Ramsés II, chamado Memnoniano[37] — de Memnon, monumento em egípcio, — por Estrabão.

É um dos mais belos que tenho visto. Após vasto pátio onde muito há ainda que desentulhar, no perímetro e mesmo em frente a uma fileira de pilastras — pátio precedido por degraus e por uma espécie de escadaria com colunata — entra-se pelo intervalo de duas pilastras para o centro de segunda fileira cujos espaçamentos estão tomados por um pórtico — no sentido da largura do templo — com doze colunas de cada lado, estilo egípcio. Atravessa-se segundo renque de pilastras, segundo pórtico idêntico ao primeiro, nova fiada de doze colunas como a dos pórticos e afinal se chega a sete quartos cuja entrada está ao lado das colunas.

A primeira da direita era dedicada a Hórus, a segunda a Ísis, a terceira a Osíris, a quarta a Amon, a quinta a Harmachon, a sexta a Ptah e a sétima ao próprio Set. Em todos os quartos há baixos-relevos muito bem acabados. Uma imagem de braços alçados na capela de Ísis e duas ajoelhadas na de Armachon têm bastante vida e elegância.

Creio que se não fosse o cânone a que se deviam cingir os artistas teríamos encontrado verdadeiras preciosidades artísticas no Egito.

À esquerda, na direção do renque simples de colunas, há um corredor, onde na parede da direita foi achada uma tábua de reis mais completa (76) do que a do Museu Britânico.

Ali se vêem as imagens de Set e de seu filho Ramsés, ainda menino, com os cabelos anelados, contemplando os cartuchos de todos esses soberanos desde Menés até Set. Segundo as idéias modernas dir-se-ia que o pai dava ao filho uma lição de história.

Na parede oposta vêem-se os nomes de 260 divindades e os dos lugares onde eram veneradas.

---

37. Atualmente é chamado somente de templo de Seti I.

Uma lição de mitologia e de geografia.

As duas imagens de Set e de Ramsés ali se acham; o cartucho do último destaca-se-lhe visivelmente sobre as roupas.

Nas celas do fundo do templo, atrás das capelas dedicadas aos diversos deuses, há pinturas de cores muito bem conservadas.

Na fiada simples das colunas e em vários aposentos — não nos sete principais, que chamarei capelas — alguns dos quais quase enterrados na areia, vi colunas, com fuste cilíndrico e plinto, sobre pedestal redondo e atarracado, legítimo estilo proto-dórico.

Sua existência não me causou tanta surpresa, porquanto já admirara a elegância de algumas outras em um gruta de Beni Hassan, correspondente à época muito anterior, em que se pode supor que as regras do cânone impostas aos artistas devessem ser observadas com muito maior rigor.

Cobrem este templo grandes lajes extraídas de diversos lugares, em forma de abóbada e cheias de hieróglifos em meio-relevo.

Caía a noite rapidamente; pude, porém, atingir Kom-es-sul-tan, mais distante do Memnomnium, para o lado do norte, do que este do templo de Ramsés II — ainda a tempo para poder ver os imensos destroços de túmulos das pessoas que, segundo conta Plutarco, queriam enterrar-se em Ábidos, perto do túmulo de Osíris.

Já ali se tem feito escavações; vi pedaços de coluna que me pareceram do estilo egípcio, e um busto de pedra verde, sem cabeça, com as mãos cruzadas ao peito, semi-enterrado na areia.

Os túmulos encontrados nesta necrópole pertencem, sobretudo, à sexta, duodécimo e décima-terceira dinastias (3 700 - 2 800 aC.)[38].

Talvez ainda achem os de Menés e Osíris.

Mariette diz que certos indícios fazem acreditar que o último fosse aberto na rocha, sob os montões de destroços, a que me referi.

Do alto de Kom-es-sul-tan estende-se a vista sobre dilatada planície de um verde aveludado, com ligeira cercadura de brumas, limitada pelos tons nacarados da cadeia líbica.

---

38. Atualmente a Egiptologia trabalha com outras datações para estas dinastias. A 6ª (2323-2150 a.C.), 12ª (1991-1783 a.C.) e a 13ª (1783-1640 a.C.).

> *O céu, onde já transparecia o brilho das estrelas, encantava-me de modo tal que quase me esqueci da distância que me separava do navio.*
>
> *A volta, durante a noite, foi sob todos os aspectos, deliciosa, graças, sobretudo, aos sonhos que me embalavam, deixando-me carregar pelo excelente burrico.*
>
> *Cheguei a bordo antes das oito, encantado com a excursão.*
>
> *Para acabar com o Memnomnium, resta-me interpretar as palavras do grande texto hieroglífico da fachada do templo, em que Ramsés II alude à bondade do pai: "Assim obrava ele para comigo: era para mim o que era para si".*
>
> *Melhor se poderá exprimir a afeição*

Para o imperador, o templo de Seti I, pai de Ramsés II, foi um dos mais belos entre os que já vira, de maneira que se alonga em belas descrições. Ele o define, justificadamente, como uma "lição de mitologia e geografia". E se declara "encantado com a excursão".

Hathor, o templo ptolomaico

> ***Dia 17 de dezembro de 1876*** *— Às 9 e meia passamos por Farchut à margem esquerda, lugar industrioso; às 9 — por Hou, do mesmo lado, onde com o binóculo avistei famoso felah santarrão.*
>
> *Acocorado sobre um monte de palhas, só lhe pude ver a cabeça branca e o tronco.*
>
> *Rodeavam-no diversas pessoas, o nosso piloto tentou atirar-lhe no saco algumas oferendas, pois segundo crença geral, sucedem desastres às embarcações que não lhe tributam respeito.*
>
> *Contaram-me que o Quediva costuma visitá-lo quando viaja e que pela imposição das mãos faz cessar a esterilidade das mulheres felahs.*
>
> *Hou está no local da antiga Diospolis parva.*
>
> *Em frente ergue-se Lasr-es-sayad, a antiga Chenoboscion, onde se encontram túmulos da sexta dinastia; desejo, porém, chegar à Denderah, quanto antes.*
>
> *Às 12 — passamos pela Ilha de Tabeneh, à esquerda.*
>
> *Aí fundou S. Pacomio um mosteiro, no VI século.*
>
> *A ilha está cheia de tamareiras e de outras palmeiras, menos, da chamada dun, que eu já avistara nos dias anteriores.*

Li os Evangelhos; ocupação que reservo para os domingos desta viagem; assim fixarei as idéias com vistas à minha próxima excursão à Terra Santa.

Às duas, desembarcamos em Denderah, à esquerda. Como os burricos ainda estivessem do outro lado do rio, em Kench, e para não perder tempo, parti a pé.

Em três-quartos de hora, cheguei ao pilono onde está o cartucho de Domiciano.

O templo é notável pelo estado de conservação e informações coligidas do seu exame, acerca do culto e dos mitos egípcios.

A principal deusa é Hator, afrodite dos gregos e a Vênus dos romanos.

Consideravam-na, sobretudo, como pupila do sol, colocando os egípcios a beleza, sobretudo nos olhos.

Simbolizava ela, também, a harmonia geral do mundo, e um dos atributos que mais se lhe nota no templo é o que diz respeito ao rejuvenescimento, ao desabrochamento e à ressurreição.

O rei, fundador do templo, representam-no oferecendo a Hator uma estatueta da Verdade.

Essa deusa também se transforma em Íris que se prende a Osíris, o qual, segundo Plutarco, simboliza o princípio do bem, encarnando Hator, deusa da harmonia e do amor, e da verdade.

Os baixos-relevos e os hieróglifos não são tão bem feitos quanto os de Ábidos.

Penetra-se em um vestíbulo de vinte e quatro colunas de estilo egípcio que, pelas dimensões, produzem real sensação.

No teto se destaca, a grande altura, um zodíaco, que difere do que se acha em Paris ocupando uma das celas sobre o terraço do alto do templo.

Nenhum deles tem o valor astronômico que a princípio lhes atribuiram, pois época alguma indicam pela posição dos astros.

Entra-se, depois, em um segundo compartimento do edifício, com seis colunas no meio e três de cada lado, e duas portas para o norte e para o sul, para onde eram introduzidas as oferendas do Baixo e do Alto Egito.

Passa-se a outra sala, por onde se sobe a um terraço, após haver atravessado pequeno corredor em rampa, com degraus à esquerda e uma escada de cinco lances à direita, junto à parede.

Continuando a visita do andar inferior chega-se a uma grande sala que encerra outra morada e com uma única abertura, tudo isso cercado de quatorze cômodos, dos quais um tem dois andares.

Os Templos de Sethi I e Hathor Denderah | 105

Todos esses quartos comunicam, direta ou indiretamente, com a sala grande.

Percorri um dos corredores, espantando uma nuvem de morcegos. Em outra passagem do lado do norte, descobriram-se inscrições comprobatórias da existência, naquele local, de um santuário ereto por TutsésSet III[39], da XVIIIª dinastia (1 700 aC.) e igual ao outro do tempo de Choufou, (IVª dinastia, 4 000 aC.)[40] cuja descrição foi achada na época do rei Papi (VIª dinastia, 3 700 aC).[41]

Nos baixos-relevos dessas câmaras, acham-se muitas indicações acerca das cerimônias do templo.

O quarto do fundo era o santuário de Hator. A procissão principal saía por ocasião do ano novo que começava a 21 de julho, dia em que Sotis (Sírio) nascia com o sol, coincidindo com a cheia do Nilo.

Subia o cortejo pela escada do norte (a dos diversos lances), tendo à testa o rei e treze sacerdotes, empunhando bastões encimados por emblemas dos diversos deuses (segundo a descrição pormenorizada encontrada nas paredes da escada) e atingia o terraço para estacar em frente a um pequeno templo de doze colunas, cada qual consagrada a um dos meses do ano — voltando depois pela escada do sul, a de rampa.

Este pequeno templo é consagrado a Osíris. Há ainda seis quartos dando para o terraço, três do lado do norte e três do sul. Os diversos Osíris dos setentrionais estavam nos primeiros e os dos meridionais nos outros.

Os nomes são quarenta e dois e desse modo soube-se quais eram as quatorze invocações de Osíris.

Vêem-se também longas procissões de deuses trazendo em vasos os membros de Osíris pertencentes a cada cidade e os quarenta e dois esquifes do deus; aparecem depois as doze horas do dia e da noite com as pedras de cada uma dessas horas, tudo dividido com o templo, em norte e sul, Baixo e Alto Egito.

Um calendário regulamenta as festas processionais em que tomam parte sacerdotes de todo o Egito e insere receitas para óleos e perfumes, existindo também calendários resumidos para as festas de Osíris em outras cidades.

Os préstitos iam até ao recinto exterior de que restam montões de tijolos.

O dromos (avenida) que vai do templo até o pilono já mencionado e onde se vê também o cartucho de Trajano, tem cento e dez passos de largura.

---

39. Tutmés III (1479-1425 a.C.)
40. Faraó Khufu, mais conhecido como Queóps, construtor da Grande Pirâmide (2551-2528 a.C.)
41. Faraó Pepi (2291-2255 a.C.)

No templo só entravam o rei e os sacerdotes mas talvez admitissem no recinto exterior, pelo menos, alguns privilegiados.

As criptas, corredores, serviam de depósito para os objetos mais preciosos; os hieróglifos, das paredes falam apenas da natureza desses objetos e das substâncias de que eram fabricados.

Na parede exterior de oeste, perto de dois ângulos, vêem-se as imagens de Cleópatra e do filho.

A fisionomia da rainha é bem cruel.

Infelizmente degradaram as imagens, de modo a parecerem marcadas de bexigas.

Tanto em Dendera como em Ábidos são flagrantes os vestígios de incrível vandalismo. O Quediva bem poderia gastar uma parte da soma, que prodigaliza com os seus palácios, na conservação desses monumentos, tão interessantes para o estudo do Alto Egito.

O templo de Dendera foi começado sob Ptolomeu XI, terminando a sua construção sob Tibério e ornamentação no tempo de Nero.

Muito próximo do templo, atrás do ângulo S. O., há um pequeno santuário de Ísis, ou antes de Hator Ísis, datando a porta monumental do trigésimo-primeiro ano de Augusto, segundo rezam as inscrições gregas existentes no fim de um dromos de cento e setenta passos.

A noventa passos do grande templo acha-se um edifício conhecido sob o nome de Tifonum, porque nele existe a imagem de Tifon[42].

Os hieróglifos apresentam os cartuchos de Trajano, Adriano e Antonino[43].

Em torno das construções vê-se a cercadura de tijolos crus com 240 passos; cada face tem duas entradas, uma fronteira ao pilono do grande templo e outra em frente à porta monumental de Ísis.

A quinhentos passos desta há outra muralha de tijolos crus que, segundo me parece, cerca de uma área de 155 passos sobre 265, devendo ter encerrado monumentos em seu recinto.

No portal de cantaria têm-se inscrições funerárias ao lado do cartucho de Antonino. A cidade estendia-se entre este muro e os templos, cercando assim o perímetro sagrado. Dela restam, quando muito, fragmentos de destroços soterrados.

---

42. O deus egípcio Seth, senhor dos desertos.
43. Imperadores romanos.

Templo de Seti I em Abidos

Dom Pedro II visita Abidos pela segunda vez e parece mais preparado como pesquisador. Abidos é o principal local de culto ao deus Osíris, deus do mundo inferior, dos mortos e da ressureição. É também o local do sepultamento dos faraós das primeiras dinastias. Ali, Seti I ordenou a construção de dois templos, um dedicado a diversas divindades, outro, no fundo, para o deus Osíris (o Osireion), com câmaras subterrâneas e só descoberto em 1902, portanto não visto pelo imperador, que provavelmente o apreciaria bastante por sua singularidade. Até hoje, nas câmaras e salas do templo de Seti I, é possível ver as pinturas originais, embora as cores talvez fossem mais brilhantes na época do imperador.

Templo de Hathor em Dendera

Dom Pedro II faz uma longa descrição do templo de Hathor, em Dendera, e que mesmo agora ainda está bem conservado. A fundação do templo de Dendera e os trabalhos de construção tiveram início no reinado de Ptolomeu VIII (170-163 e 145-116 a.C.), sendo continuadas nos reinados de Ptolomeu X a XII e de Cleópatra VII (51 — 30 a.C.). A famosa rainha e Cesárion, seu filho, são representados nas paredes deste templo. Para o imperador, a imagem dela suscitava que fosse cruel.

Hathor é a deusa do amor, da alegria e da felicidade, assim o monarca a associou a Afrodite e Vênus. O famoso e original "Zodíaco de Dendera", que ficava no teto em uma capela, havia sido removido em 1821e está na França, mas Dom Pedro II considerou de grande beleza as salas e criptas. Na entrada principal, o teto está repleto de imagens relativas ao céu e à Astronomia. O imperador percebeu que tais construções foram vandalizadas.

*Figura 20.
Entrada do templo
de Seti I, em Abidos,
com as colunas citadas
por Dom Pedro II.*
Fonte: Julio Gralha, 2019.

Os Templos de Sethi I e Hathor Denderah | 109

Figura 21. No interior, as salas e capelas estão em bom estado até os nossos dias.

Dom Pedro II deve ter ficado maravilhado pelas cores que pôde observar. Na imagem, à esquerda está a deusa Ísis dotando de vida Seti I, à direita Hórus, ministrando um passe energético (abençoando) em Seti I e ao centro o faraó faz oferendas ao deus Osíris. Fonte: Julio Gralha, 2019.

Figura 22. Sethi I e Ramsés II saudando a lista de faraós citada por Dom Pedro II, no templo de Abidos.

A parede é longa e tem a grande maioria dos faraós que antecederam Sethi I. Fonte: Julio Gralha, 2007.

Figura 23. Templo de Hathor, em Dendera.
Esta deve ter sido a visão de Dom Pedro II da região de Dendera, ainda encoberta por areia e cascalhos. Fonte: Fundação Biblioteca Nacional — Biblioteca Nacional Digital.

Figura 24. Templo de Hathor, em Dendera.
Na atualidade, toda região está livre de areia e pedras. É possível notar a diferença entre as figuras 23 e 24. Fonte: Julio Gralha, 2019.

Os Templos de Sethi I e Hathor Denderah | 111

Figura 25. Zodíaco de Dendera.
Esta deve ter sido a visão que Dom Pedro II teve do Zodíaco de Dendera. Apenas uma silhueta escura de modo a dar uma ideia de como seria no bom tempo. Em 1821, o Zodíaco ou planisfério foi removido e levado para a França. Fonte: Julio Gralha, 2019.

Figura 26. Cripta.
Esta é uma das criptas mencionadas por Dom Pedro II. Da próxima vez que estiver no Egito, imaginairei o imperador caminhando com uma tocha e analisando os textos hieroglíficos. Fonte: Julio Gralha, 2019.

Figura 27. Lâmpada de Dendera.
Em uma das criptas é possível ver a lâmpada de Dendera que pesquisadores alternativos defendem ser o protótipo de uma lanterna, na Antiguidade. Provavelmente Dom Pedro II deve ter visto esta imagem, mas ao analisar toda iconografia viu apenas um bulbo de lótus. Mas... que parece uma lanterna parece, não é? Fonte: Julio Gralha, 2019.

7
capítulo

Obras de grandes faraós do Reino Novo

Nesta parte da viagem, o imperador visitou os principais locais e obras dos grandes faraós do Reino Novo (entre 1550 e 1070 a.C.). Um momento de opulência para o Egito dos Faraós. Acompanhemos o périplo, que inclui maravilhas: Luxor, Karnak, o Colosso de Menon e o Templo de Hatshepsut e Midnet Habu. Nas anotações do diário, sempre há referências ao cenário natural, como a direção do rio Nilo ou as árvores frutíferas, como a onipresente tamareira.

Dom Pedro II não poupa elogios ao que tem a oportunidade de observar, maravilhado. É o caso de Karnak, para ele "o mais admirável ajuntamento de ruínas no mundo", embora merecendo melhor conservação, pois "corroído pelo salitre".

Em Luxor, visita ao ao templo de Amehotep III (Amenófis III)

Dia 18 de dezembro de 1876 — *Ontem à noitinha o vapor atravessou o rio para receber carvão em Kene.*

Partimos hoje às seis horas. Até Luxor nada de notável há.

Nakada, à esquerda e a 35 quilômetros de Luxor apresenta um aspecto pitoresco, projetando-se com as suas tamareiras sobre a cadeia líbica.

Às 11 ½ chegamos a Luxor.

Fui imediatamente ver o templo.

Amenófis III, da XVIIIª dinastia (1 500 aC.) construiu o santuário e a parte principal.

A alta coluna que domina o rio data do reinado de Hórus (1 480 aC.), tendo Ramsés II feito os dois obeliscos, o da esquerda, companheiro do da Praça da Concória e o pilono que os acompanha.

As casas construídas em grande parte da área ocupada pelo templo e em torno dele tornam o seu estudo muito difícil.

Inúmeras inscrições louvam as riquezas e a grandeza desse Amenófis.

Os reis e os povos tributários vinham de países tão remotos que antes de serem conquistados pelo rei nem sequer conheciam o caminho e o nome do Egito.

Procurei com afinco e segundo indicações precisas a decoração mural que representa o nascimento do rei Amenófis, dado à luz pela rainha Motemua, e recebido pelas divindades que presidem aos partos; mas apesar de archotes e do emprego de escadas duvido muito que o pudesse encontrar.

Acham-se também no interior do templo os cartuchos de Taharqu - um dos reis etíopes XXVª dinastia — 600 aC.), de Psamético e de Alexandre, a quem se deve, pelo menos, parte da ornamentação do santuário.

Observei os vestígios de um grande bloco de arenito construído numa extensão de 65m, para proteger o templo do extravasamento do rio, sob os últimos Ptolomeus ou sob os Césares.

Por ele se nota a direção diversa seguida pelo Nilo.

Vi também o canal aberto para o transporte do obelisco da praça da Concórdia em 1836.

Montado em burrico, visitei depois Karnak.

Observa Mariette — Karnak é o mais admirável ajuntamento de ruínas do mundo. Nunca se vê Karnak o suficiente e mais se visita, mais avulta a idéia dela formada.

Não há exagero no que diz Mariette.

Lá volto amanhã.

É impossível fazer compreensível descrição dessa babilônia em ruínas.

Basta dizer que o contorno geral de tijolos crus mede talvez 2.400m.

O grande templo, desde o portal exterior do grande pilono até o ponto extremo do edifício, tem 365m, sendo a sua largura, a do primeiro pilono, 113m. O perímetro total é de 950m.

A sala das colunas, ou hipostilo, construída sob o reinado de Set I, pai de Ramsés II é o mais vasto de todos os monumentos do Egito, medindo 102m de largura e 53 de profundidade, com 134 colunas de grandes dimensões que suportam o teto em uma altura de 23m na parte central.

Doze dessas colunas que formam uma avenida central igualam em diâmetro a da praça Vendôme e todas pertencem ao estilo egípcio.

O lado sul — entra-se pelo leste — foi o que mais sofreu com os séculos.

Várias colunas arqueiam e uma caiu sobre a que lhe fica fronteira.

Sobre a face exterior da muralha setentrional do templo e correspondente a esta sala, reportam-se baixos-relevos muito notáveis às expedições de Set I.

O rei está no seu carro. Os cavalos (o primeiro chama-se Poder) arrastam-no para a peleja.

Os inimigos são os Shashú, árabes do deserto. Ao lado, segunda batalha com os povos do país de Kharú e ainda outra campanha contra os Rutenu (Assírios) "que não conheceram o Egito".

Os prisioneiros, acorrentados, são arrastados para serem oferecidos aos deuses de Tebas.

O rei vitorioso volta para o Egito, indicando-se diversos lugares onde se demorou.

Perto de um rio, cheio de crocodilos, recebe as homenagens dos principais funcionários do país.

Grande cena. O rei brande a clava sobre as cabeças de um grupo de prisioneiros que segura pelos cabelos e vai imolarperante o deus de Tebas.

Novas cenas de guerra, etc. — Os baixos-relevos da face exterior, lado sul da muralha, correspondente à sala hipostila, comemoram a campanha do primeiro rei da XXII^a dinastia (980 aC.), que a Bíblia chama Sesac, contra a Palestina.

O rei é representado de braço erguido a desfechar golpes sobre um grupo de prisioneiros, cujo crânio é tudo quanto a areia permite descobrir. São mais ou menos cento e cinqüenta personagens cujas cabeças, unicamente, aparecem nos cartuchos serrilhados.

Nos hieróglifos estão os nomes das cidades que Set tomou na Palestina.

Esses indivíduos têm os traços e o modo de cobrir a cabeça que percebi na Judéia. Desenhei ligeiro esboço de um deles.

Champollion pensa que o nome Judat-meleh (rei de Judá) encontrado num dos cartuchos revelava em uma das cabeças a figura de Jeroboão; Brughsc, porém, demonstrou que se trata do nome de uma localidade Palestina.

Aliás é inteiramente idêntico o tipo de todas essas cabeças. Sobre a mesma parede, do lado de leste está a cópia do famoso poema Pentatur, do nome do poeta que pretendeu eternizar um feito de armas de Ramsés II, na campanha do quinto ano de seu reinado, contra os Khetas.

Tendo sido vítima de uma emboscada bate-se só; as queixas contra Amon, que ele sempre venerou e que parece querer abandoná-lo, lembram as de Davi, revelando o grande estro de Penta-ur.

As exprobrações do rei ao seu exército que não o acompanhou são muito belas; a última frase é a seguinte: "Tive de lutar só!".

Antes desta sala atravessa-se o segundo pilono onde há duas estátuas de Ramsés III (da XX^a dinastia, creio, 1 288 aC.), também construtor de um templo.

Uma dessas estátuas está ereta, tendo ambas sido esculpidas em monolíticos de granito vermelho, de sete metros de alto.

Segue-se à sala hipostila o terceiro pilono, precedido por dois obeliscos, em frente ao pátio de TutsésSet I (da XII^a dinastia, 1 655 aC.).

Seguem-se ainda o quarto pilono e dois obeliscos, dos quais o da esquerda é o maior até hoje descoberto, pois mede 33,20m de alto (o de Heliópolis tem 20,27m, o de Luxor, em Paris, 22,80m, o de S. Pedro, em Roma, 25,13m e o de S.João de Latrão, também em Roma, 32,15m.

Passa-se depois à sala das cariátides ou pilastras osíricas, que deveria ter sido muito bela antes de cair no estado de ruína em que está, penetrando-se *no santuário ou apartamento de granito, que atualmente não passa de um amontoado de blocos de granito e onde é quase impossível reconstituir a planta primitiva; nesse mesmo lugar a comissão francesa de 1798 percebeu vibrações sonoras ao alvorecer.*

Vem depois o grande pátio posterior onde se encontram colunas como as das grutas de Beni Hassan, embora não caneladas, datando do reinado de Usirtasen cujo cartucho apresentam, e o palácio de TutsésSet III (XVIIIª dinastia, creio, 1 600 ou 1 500 aC.).

Nesse palácio havia preciosos baixos-relevos, hoje no Louvre, representando TutsésSet a fazer oferendas a cinqüenta e sete dos seus predecessores, documento tão importante para a história faraônica quanto a tábua de Ábidos.

Ao sair do grande templo, pude do primeiro pilono, apreciar o admirável ocaso; o sol esbraseava como ferro fundido, iluminando através de delgado véu de brumas a cadeia líbica e a verdura magnífica que cerca o Nilo.

Do alto desse pilono adorei a Deus, criador de tudo quanto é belo, voltando-me para as minhas duas pátrias, o Brasil e a França, esta, pátria de minha inteligência e aquele pátria de meu coração.

No interior do pilono, no alto, lêem-se os nomes das localidades do Egito onde se acham os principais monumentos, com a indicação de suas coordenadas geográficas, tudo aberto na pedra pela comissão francesa de 1798. As recordações científicas prendem-se, por toda parte, ao nome da França.

Não devo deixar de mencionar as inscrições de TutsésSet IV[44] (XVIIIª dinastia, 1 500 aC.), Minepta I (XIXª dinastia, 1 300 aC.), Takelotes (XXIIª dinastia, 900 aC.), Filipe Arhideu (320) ? e Ptolomeu Alexandre (106-80, aC.).

Há outros monumentos no recinto que hei de ver amanhã.

Estudarei melhor o grande templo.

Diodoro[45] aponta este recinto como o mais antigo dos quatro templos de Tebas. Faltam-me os livros para poder fazer um diário menos defeituoso; apesar de tudo preciso de bastante tempo para coordenar estas lembranças.

Se não as metodizar, arrisco-me a vê-las perturbadas por outras mais recentes. Enfim vou fazendo o que posso.

---

44. Tutmés IV
45. Diodoro de Sicília, historiador grego que viveu entre 90 e 30 a.C.

Ora, justamente esquecia-me de dizer que Hatson foi uma regente célebre da XIXª dinastia. Seu obelisco é de grande beleza e as inscrições da base nos informam que as suas extremidades estavam cobertas de ouro puro tomado dos chefes das nações.

Se não se tratava de uma mesa pyramidion ou de cobre dourado, como deveria ter sido o obelisco de Heliópolis, talvez se refiram às inscrições à esfera que se vê nos baixos-relevos de Sakarah

O obelisco era dourado, de alto a baixo, sem dúvida, notando-se que o fundo dos hieróglifos é polido com cuidado, sendo rugosa a superfície plana, tal como se tivesse de receber um reboco branco, fato que se repete em todos os monumentos egípcios.

Era ali que se dourava.

Enfim diz a inscrição que esse obelisco, assim como o companheiro derrubado, foram acabados em sete meses, desde o começo da extração na pedreira.

O embasamento é perfeito e o seu eixo, o do templo; seu peso considerável explica o emprego de meios mecânicos muito aperfeiçoados.

Karnak, corroído pelo salitre

Dia 19 dezembro de 1876 *— Às 5 ½, parti para Karnak. A impressão de hoje ainda foi mais forte que a de ontem.*

Até às 8 estive no santuário e nas câmaras graníticas, só, ouvindo o canto dos pássaros. Fiz um croqui do lugar onde me instalara. Tudo observei em Karnak com a máxima atenção. As colunas poligonais de Usirtasen I estão derrubadas; há porém, outras, do mesmo estilo, ainda eretas.

Almocei na sala hipostila e durante a refeição desenhei novo esboceto. Não compreendo nem pude saber o que vem a ser a grade de pedra que se vê nesse croqui.

As colunas dessa sala colossal são em parte pintadas.

Examinei novamente muitos cartuchos e os baixos-relevos da parede exterior do sul da sala hipostila, página de história realmente interessantíssima.

Ao redor do grande templo, há ruínas curiosas do mais alto interesse; apenas me referirei, porém, a um pequeno templo onde se vêem imagens pintadas de vermelho.

Os hieróglifos dizem que se trata de uma embaixada fenícia; quase todas as imagens abraçam-se de tal modo que designarei o monumento pelo nome de templo dos amplexos.

Às pressas procurei reproduzir um desses amplexos.

Perto do grande templo há um pequeno lago, além de outro mais longe, semicircular, no fim de uma alameda onde, de cada lado, havia numerosas esfinges. Ambos estão um pouco salobros; da vizinhança extrai-se salitre. À direita e a esquerda de outra alameda pude contar 54 esfinges mais ou menos arruinadas; esta avenida ligava-se à primeira por uma terceira, perpendicular a ambas e devia prolongar-se até Luxor.

Essas avenidas, antes da destruição deviam produzir maravilhoso efeito, embora estejam as esfinges muito próximas uma das outras.

Vi também as ruínas de dois templos, um cheio de imagens de Tifon e o outro de estátuas da deusa Piht, em cuja cabeça abriram pequeno rego.

Seria para fazer algum acréscimo à essa cabeça ou para escoamento das águas, servindo de gorgulhas essas estátuas? Estão de pé e em parte enterradas.

Notei uma bela cabeça, igual à de uma esfinge cujo corpo está enterrado na areia. Sua expressão é realmente notável, e pareceu-me terem deitado a estátua de propósito e isso com verdadeira arte.

A direção da alameda das esfinges que vai ter ao lado semicircular atravessa quatro pilonos muito curiosos, cujos eixos não estão em prolongamento e voltados para a parte leste da muralha meridional da sala hipóstila.

Do lado exterior desse pilonos haviam uma série de colossos em frente ao grande templo, exceto no quarto onde existem dos dois lados. Assentei-me sobre a mão enérgica de um deles descobrindo o cartucho de Amenófis

Ao chegar a Luxor (do árabe El-luq-sor, os palácios) encontrei-a muito movimentada, por ser dia de feira.

Camelos e jumentos havia-os em profusão, achando-se a praça da aldeia juncada de verdes canas-de-açúcar.

Às duas horas estava a bordo, transportando-me o vapor à margem oposta.

Desembarquei num lugar onde o Nilo extravasara recentemente, de modo que o terreno não tinha recuperado a consistência primitiva.

Fomos ao templo de Gurnah, erigido como monumento funerário em honra a Ramsés I, por seu filho Set I, cuja imagem em baixo-relevo, numa das câmaras, é muito bem feita, apresentando notável caráter de altivez e energia.

Todos esses baixos-relevos do reinado de Set I são muito melhores do que os que já avistei. O templo está bem deteriorado.

Visitei depois o Ramsseion ereto pelo rei Ramsés II. Começa por dois pilonos, dos quais o mais afastado representa cena idêntica à do Penta-ur.

Percebi distintamente os mesmos episódios que se deram nas margens do Arunta (o Orontes).

Vêem-se soldados egípcios arrastando prisioneiros, sovando-os com varapaus e procurando arrancar-lhes a barba.

No assalto de uma fortaleza distinguem-se soldados com escudos subindo em escadas; alguns vêem-se precipitados do alto das muralhas.

Observa-se também o exército egípcio em ordem de batalha, destacando-se um grupo que felicita o rei por suas façanhas.

O outro pilono está quase arruinado, desde o tempo da expedição francesa de 1798.

Perto deste, do lado de leste, acham-se os destroços do bloco de onde extrairam o colosso de Ramsés II, que media 17,50m de alto, pesando nada menos de 1.217.872 k — quatro vezes tanto quanto o obelisco da praça da Concórdia. É a obra de um rei que mandou erigir um templo à própria pessoa e, segundo Diodoro, fez inscrever sobre o colosso, que o autor grego chama de Osimandias, as seguintes palavras: "Sou o Rei, o rei Osimandias. Se alguém pretende saber quanto fui grande onde jazo procure primeiro exceder uma de minhas obras."

Como a noite caísse, apenas pude percorrer o templo. Amanhã, de manhã, conto estudá-lo. Os colossos de Menon destacavam-se ao longe na planície verde, para o poente inflamado.

Voltei por outra estrada mais curta e, em grande extensão, toda cheia de buracos, que me disseram serem túmulos. A cadeira arábica também apresenta inúmeras entradas de sepulcros escavados na rocha.

Seria da maior importância conservar todos esses templos tão curiosos, sobretudo os de Karnak, cujo calcário está corroído pelo salitre. Acho que se devia limpar os baixos-relevos com cuidado porque atualmente o pó, a fuligem e as imundícies quase que os tornam invisíveis.

Visita aos Colossos de Menon e ao templo de Deir-el-Bahari

Dia 20 de dezembro de 1876 — Às 5 ½ da manhã deixei o vapor para tornar a ver os colossos de Menon. Antes do sol nascer já os distinguia, na planície, distantes de meia-légua.

Representam Amenófis III; as estátuas encostadas ao trono e as que estão de pé são: à direita, a de sua mulher Tuet e à esquerda a de sua mãe Motemua, que não lhe atingem a altura dos joelhos.

Após o terremoto do ano 29 aC. A que se refere Eusébio *Theboe et Egypti usque ad solum dirutoe sunt*, o colosso do norte (o da direita para os que os contemplam de frente) começou a emitir sons semelhantes à voz humana, ao nascer do sol.

Dois séculos mais tarde, Septimio Severo mandou refazê-lo e completar com grandes blocos; daí em diante calou-se.

Subi até a parte superior do solo, procurando ler as inscrições que se acham sobretudo sobre o pé esquerdo e as pernas.

Transcrevo as que me pareceram mais curiosas. As outras copiei-as do livro de Mariette Bey.

...... *Tenax Primipilaris leg. XII fulminatie et C. Valerius Priscus Leg. XII et L. Quentius Viator decurio andimus Memnona Anno XI.*

[Digitalizado do original, para melhor compreensão das palavras em grego] 002 (Floriano Filipe ouvia Menon enquanto o divino autocrata Adriano o escutava à hora...)

Senti não haver encontrado a inscrição citada por Mariette: *"Sabina Augusta, esposa do Imperador César Augusto, ouviu duas vezes a Menon durante a hora primeira".*

Da poesia também lançaram mão: por exemplo, diz Patumanus: *"Quanto a ele, sentado no trono e privado da cabeça, ressoa suspirando para queixar-se à sua mãe dos ultrajes de Cambises, quando o brilhante sol lança os primeiros raios e anuncia o dia aos mortais aqui presentes".*

Outro assim se exprime: *"Tua mãe de dedos de rosa, ó célebre Menon, deu-te a voz, para mim, que queria ouvir-te... (o trecho é longo demais para que se transcreva).*

Gemela, por sua vez, escreveu uma poesia aqui, tendo sido acompanhado da cara esposa Rufela e filhos.

Os dois colossos estavam à entrada da longa avenida de esfinges, cujo traçado ainda se divisa no solo, devendo dirigir-se a um templo.

Um pouco à frente dos colossos há outro, deitado do lado esquerdo e quebrado em diversos lugares. Todos eram disformes monólitos. Existem ainda outros destroços desse grande templo de Amenófis III.

Tendo um árabe subido ao ombro de um dos colossos, pude melhor avaliar-lhe o tamanho.

Fui depois ver o pequeno templo de Dur-el-Medineh, oculto numa dobra de terreno, atrás da parte da necrópole de Tebas, hoje chamada Lurnat-Murai. Começou-o Ptolomeu Filopator, acabando-o seus sucessores.

A fachada é muito elegante e de um tipo de que o templo é o exemplar mais bem conservado. Nela se vê uma janelinha muito curiosa de que tirei desenho, que apenas valeu para que a olhasse com mais atenção.

Visitei depois os túmulos escavados nas colinas rochosas; o de Haui, da XVIIIª dinastia, tem pinturas que o representam tomando posse, sob o título de príncipe de Kush, do governo geral de Sudão. Distinguem-se imagens de povos de todas as cores, os negros com os traços étnicos característicos, embora de narizes arrebitados, girafas, bois, anéis de ouro, barras de cobre, leques de cabo comprido, penas de avestruz que lhe trazem, etc.

Houi lá está também a voltar de uma missão no país de Rutennú (Assíria). Apresenta ao rei os embaixadores dessa nação, que se destacam pelas grandes túnicas de cores vivas em que se envolvem várias vezes.

Os escravos, nus até a cintura, são de cor branca e vermelha, e trazem, como presentes, cavalos, leões, barras de metais preciosos, vasos de ouro e prata curiosamente lavrados. Notam-se ainda dois macacos, um a saltar numa corda e outro do gênero dos cinocéfalos.

Os túmulos de Scheik-abd-el-Gurnah são também dignos de interesse. Examinei alguns, tendo de escalar colinas de acesso bastante difícil.

Em caminho assisti a uma cena tocante: um homem idoso acompanhado por um rapaz e um menino chorava ruidosamente à porta de sua cabana. Acabavam de ver morrer a mulher e mãe.

Notei, nesses túmulos, baixos-relevos referentes a cenas da vida desses tempos, como, por exemplo, o arroteamento dos campos, o estabelecimento de uma eclusa, etc.

Uma figura de mulher, com ar melancólico e a mão ao peito, pareceu-me bem notável. Alguns dos tetos tinham pinturas de traços graciosos, cujas cores conservavam o frescor primitivo.

Ao descer colinas, perto da casa onde residiu o célebre egiptólogo Wilkinson, que estudou e catalogou todas essas grutas, entrei numa delas, onde notei colunas dóricas idênticas às de Beni-Hassan.

Uma dessas colunas tem hieróglifos muito visíveis. Daí fui ao templo de Deir-el-Bahari, mas antes de falar dele, devo dizer que, no túmulo, perto da casa de Wilkinson, encontrei pela primeira vez um corredor subterrâneo fazendo um cotovelo que ia ter ao buraco por onde descia a múmia.

O templo de Deir-el-Bahari está num canto formado pelas colinas. Embora de uma aridez absoluta, o aspecto do local é assaz pitoresco.

O templo tem três andares, a que vão ter outras tantas rampas. Precediam-no uma alameda de esfinges inteiramente destruídas e dois obeliscos de que restam apenas as bases. Nele se vêem baixos-relevos e pinturas muito curiosas, sobretudo as que se referem à expedição marítima, enviada à Arábia (país de Punt) pela rainha Hutason[46], irmã de Tutmés II e de Tutmés III, cujos cartuchos são muito diversos, quando associada ao trono, do tempo dos irmãos, regente em nome do último, ou quando reinou por si.

Notei cartuchos dessa princesa junto de outro dos Tutmés e ainda muito legíveis, embora destruídos. Provavelmente fizeram como outros monarcas que martelaram os cartuchos dos predecessores, cujo nome os ofuscava.

No baixo-relevo pintado, de que falei, aparecem peixes perfeitamente desenhados, perfeitamente reconhecíveis, para os que estão familiarizados com a ictiologia do Mar Vermelho.

Mariette descrevendo esses baixos-relevos fala de choupanas cobertas por cúpulas. Não as vi; amanhã hei de voltar a esse templo tão interessante.

De ambos os lados de uma escada do fundo vê-se a efígie real bebendo o leite divino nas tetas de Hator, representada sob a figura de uma vaca de

---

46. Rainha Hatshepsut.

notável realismo. O menino mama com um apetite que me fez sorrir. Desde a XXIIª dinastia começaram a utilizar-se deste templo como necrópole; vi num dos quartos muitos restos de múmias, cujo cheiro rivalizava com o dos vestígios dos morcegos.

Indo daí para El Assasif encontrei grandes construções de tijolos crus, arruinadas e apresentando verdadeiros arcos abobadados. Entrei depois no grande túmulo pertencente, provavelmente, à XXVIª dinastia (600 aC.). É um imenso corredor em rampa. Além do orifício tumular, vêem-se de ambos os lados nichos com duas estatuetas, algumas das quais bem conservadas. Todas as paredes estão cheias de hieróglifos em baixo-relevo, sendo isso extraordinário, quando se reflete que esses túmulos deveriam estar, em quase todo o comprimento, escondidos para sempre, pela grande pedra que os fechava.

O túmulo que percorri, nos seus corredores principais e laterais e nas câmaras, continha milhares de morcegos que me tocavam no rosto com as asas.

Ao sair voltei ao Ramesseion para melhor examiná-lo.

É na fachada do pilono menos afastado do templo que se acha a cena do Penta-ur. O outro pilono apresenta no frontispício, defronte ao templo, um episódio de batalha contra os Ketas e dá acesso ao pátio, cercado de pilastras, onde se apoiam grandes imagens de Ramsés, revestido de atributos de Osíris, como convém a um monumento de caráter funerário.

Diante desse pilono, isto é, do lado do templo, está o colosso. Examinei com atenção o teto do único quarto coberto que deu motivo a trabalhos astronômicos de Biot; não pude, porém, reconhecer senão a natureza astronômica das imagens, das quais treze, inclusive uma estrela, parecem representar os primeiros meses lunares e o complementar.

As colunas da sala com os seus capitéis ornados de palmas são menos desgraciosas do que as da sala hipostila de Karnak.

Voltando ao vapor entrei num túmulo da necrópole de Droh-Abul-Neggat, a mais antiga de Tebas e correspondentes às dinastias XIª, XVIIª e começo da XVIIIª. Os sarcófagos dos reis Entefs (XIª) que estão em Paris e Londres e o da rainha Ash-Hotep com a sua coleção de jóias, do museu do Bulaq, provêm dessa necrópole.

Na gruta nada vi de notável.

Acompanhar Dom Pedro II nessa viagem nos permite observar não só detalhes da paisagem, como impressões dele sobre as pessoas que encontrou no caminho. No presente caso, o jovem idoso e o rapaz chorando copiosamente a perda de suas mulheres. Isso revela um pouco algo da personalidade do Monarca, pois embora encantado com os monumentos, ele era capaz de enxergar muito além do que buscava como cientista.

Passando por Medinet Abu... O estilo de Ramsés III

Dia 21 de dezembro de 1876 — *O vapor foi atracar mais perto de Medinet Abu; por causa de uma ilha tivemos de passar por um canal que nos levou ao lugar do desembarque.*

Medinet-Abu compõe-se do templo de Tutmés III, cujos cartuchos mais antigos são de Tutmés II, do templo magnífico de Ramsés III e de uma parte com duas torres quadradas, que não se sabe se era palácio real ou fortaleza. Em que edifícios habitaram os Faraós? É difícil dizê-lo.

As duas últimas partes estão separadas por um pátio.

As janelas das torres apresentam exteriormente ornatos muito originais; consolos suportados por imagens de prisioneiros ajoelhados parecem ter servido nos pisos superiores para prender o velarium destinado a amortecer os ardores solares.

Desde a porta da entrada do edifício que denominarei palácio, vê-se Ramsés levando prisioneiros aos deuses.

Seu tipo está muito bem caracterizado. Do lado direito, norte -- os asiáticos, os da Líbia e do país de Kaushu à esquerda, do lado sul. Todos os nomes estão em hieróglifos.

No palácio não há senão cartuchos de Ramsés III. O primeiro pilono do templo desse rei menciona em estelas figurativas as expedições contra os líbios, os maschauscha e outros povos oriundos da Líbia, Síria e ilhas do Mediterrâneo, coligados contra o Egito. Na fachada norte do pilono o rei prostra com uma clava prisioneiros ajoelhados.

O deus Amon-Harmachon apresenta-lhe o machado de guerra e faz-lhe esta prática: "Volto o rosto para o norte e quero que os fenícios estejam a teus pés. Quero que as nações que não reconhecem o Egito tragam para a tua casa todo o seu ouro, e prata.......................... a Arábia te forneça em perfumes, essências e madeiras preciosas todos os seus produtos. Volto o rosto para o leste, e quero que os habitantes do país dos Tekenon te prestem homenagem."

O pátio, logo após o primeiro pilono[47], é notável pelos colossos de Ramsés III e Osíris encostados aos pilares e revestidos do caráter funerário do monumento. Nesse segundo pátio avista-se, de frente, a face anterior do segundo pilono. Do lado meridional, vê-se grande quadro, cujo grupo inferior representa diversos povos do Mediterrâneo coligados contra Ramsés e formando uma confederação com os povos da Ásia Ocidental. O lado setentrional contém a longa inscrição que o Sr. de Rougé interpretou. Atravessando a porta de granito desse pilono, penetra-se num vasto e interessante pátio, cujos quatro lados apresentam galerias cobertas de esculturas de cores vivíssimas.

A este e oeste essas galerias repousam sobre pilares, onde se encontram estátuas do rei; as duas outras começam por colunas maciças cujos capitéis representam flores de lótus ainda por desabrochar.

No meio notei fustes de colunas de uma antiga igreja copta. Nessas galerias há também cenas de batalha. Vêem-se mãos decepadas de prisioneiro cuja virilidade também foi mutilada, exatamente como sucedeu nestes últimos tempos na Abissínia com os egípcios aprisionados. Nas Cartas escritas do Egito de Champollion, encontra-se a descrição — que verifiquei in loco — de um desses quadros, em que se pinta a saída do rei para adorar Hórus.

O muro exterior contem dez quadros de uma campanha.

Um representa renhida batalha naval em que se nota um navio com o caso virado.

Na oitava fala-se da esquadra dos Scherdina e também da coligação contra Ramsés; lê-se o nome de Puliste que o Sr. de Rougé acredita serem os Filisteus; segundo um trabalho que Brugsch deve publicar, todos esses nomes de povos, ou quase todos, são os de cidades de Chipre, o que é muito mais aceitável para explicar-se a confederação, nessa época, de nações tão distantes umas das outras.

---

47. *Pilone* ou *pilono* é uma fachada em forma de trapézio com um portal central por onde se entra no templo.

Nas paredes interiores do palácio notam-se baixos-relevos, dos quais um representa o rei jogando damas com uma mocinha.

Distinguem-se-lhes as mãos, a segurarem peças iguais a onze outras, sobre uma espécie de mesa.

Em frente ao templo de Tutmés III, vê-se um pátio sem importância, cujo teto mostra, pela arquitetura, ser contemporâneo do resto, como aliás também o pilono a meio construído após tal pátio.

Voltei ainda a Deir-el-Bakari. Creio ter enfim encontrado a choupana de cúpula, cuja forma e entrada e a vizinhança de pombos fazem-me acreditar que se trate de um pombal.

Nesse templo as colunas são todas do estilo dórico de Beni Hassan.

Como amostra do estilo de Ramsés III, reproduzo o hino que se lê no primeiro quadro, e que representa a sua volta a Tebas. "Estou sentado sobre o trono de Horus: a deusa Hurkekau reside sobre a minha cabeça. Rival do Sol, protegi com o meu braço os países estrangeiros e as fronteiras do Egito para repelir os nove povos. Apoderei-me de seu território e suas fronteiras são hoje as minhas. Cumpro os desígnios do senhor absoluto de meu venerável pai divino, o senhor dos deuses. Soltai clamores de alegria, habitantes do Egito, até as alturas dos céus. Sou o rei do Alto e Baixo Egito, sobre o trono de Tum, que me deu o cetro do Egito, para vencer em terra e no mar e em todos os países".

Voltei aos túmulos dos reis em Biban el Moluk; já é muito tarde, deles falarei amanhã.

Cheguei a bordo às 7 ¼. A vapor, voltarei a Luxor.

Esqueci-me de dizer que vi em uma parte do templo de Luxor, pinturas de uma igreja da Idade Média. As tapeçarias e as pernas de um cavalo estão sofrivelmente desenhadas.

Vi também no meio das ruínas interessantes antigüidades descobertas pelo Sr. Mounier.

Dom Pedro II demonstrou grande vitalidade e descreveu de forma detalhada sua viagem. Na cidade da atual Luxor, encontra-se o templo dedicado ao deus Amon-Rá construído por Amenhotep III (1391-1353 a.C.), mas que mereceu adendos de Ramsés II. Amenhotep III (ou Amenofis III) era pai de Akhenaton, famoso faraó que em sua reforma religiosa tornou Aton um deus único. Foi a primeira experiência mais próxima do Monoteísmo que o mundo já tinha visto.

O templo se liga ao Complexo de Karnak por uma alameda de esfinges, que em 2021 foi restaurada e inaugurada para visitantes. Como disse o imperador é necessário muitos dias para uma visita cuidadosa a esse imenso monumento. O complexo possui templos, obeliscos, capelas de diversos faraós de diferentes épocas. Aproximadamente entre 1400 e 800 a.C. Imagino que Dom Pedro II teria preferido permanecer por muito mais tempo, ali. O templo mortuário (para culto ao faraó e outros deuses) de Ramsés III também está em bom estado e é notável pela dimensão e relevos, como bem observou o imperador. Ramses III reinou entre 1194 e 1163 a.C.

Quanto aos colossos citados, são estátuas de Amenhotep III que ficavam na frente de um templo que não existe mais. Quando o vento passava entre as estátuas em ruínas, produzia um som parecido com um tipo de lamento ou comunicação.

O templo mortuário da rainha Hatshepsut, em Deir-el-Bahari, é bem diferente e realmente ainda é possível ver o que foi descrito pelo imperador: a expedição ao reino de Punt (provavelmente Somália) e a estrutura em três pavimentos. Hatshepsut governou o Egito como faraó entre 1473 e 1458 a.C.

Obras de grandes faraós do Reino Novo | 129

***Figura 28. Entrada do
templo de Ramsés III.***
Aqui o leitor pode ter uma ideia do
que é um *pilone*. Simbolicamente,
acima do portal, o sol faria seu curso
do oriente ao ocidente. Fonte: Julio
Gralha, 2007.

Figura 29. Templo de Amon-Rá, em Luxor.

O leitor pode notar ao fundo que a estátua de Ramsés II está encoberta e que existem moradias árabes no local. Este é o templo que Dom Pedro visitou. Fonte: Fundação Biblioteca Nacional — Biblioteca Nacional Digital.

Obras de grandes faraós do Reino Novo | 131

Figura 30. Templo de Amon-Rá, em Luxor.

Nota-se que toda área foi limpa tornando visível todo complexo: o *pilone* do templo de Luxor com o obelisco e as estátuas de Ramsés II, algo que Dom Pedro II não viu por completo. Fonte: Julio Gralha, 2007.

Figura 31. Complexo de templos, em Karnak.

O imperador com certeza passou por estas colunas e visitou os diversos templos da região. Fonte: Fundação Biblioteca Nacional — Biblioteca Nacional Digital.

Obras de grandes faraós do Reino Novo | 133

Figura 32. Complexo de templos, em Karnak.

Parte da entrada permite que se tenha uma ideia da dimensão do local. Durante a viagem do imperador, boa parte da região não estava livre de areia como na Figura 31. Em primeiro plano, um pátio cercado por capelas e, em segundo plano, a alameda de colunas que leva a diversas outras partes que desaparece no horizonte. Fonte: Julio Gralha, 2019.

capítulo 8

Vale dos Reis e heranças da dinastia ptolomaica

Dom Pedro II visitou e estudou os templos Esna, Edfu, Ombo, Filae e Kalabsha, erigidos pelos reis ptolomaicos e dos quais se ocupa nesta parte de seu diário, em que discorre sobre sua incursão a Esneh (Esna). Com a queda do Império de Alexandre, o Grande, a região do Egito foi concedida ao general Ptolomeu. Inacreditavelmente, todos os reis/faraós responsáveis por essas obras, chamavam-se Ptolomeu, diferenciando-se apenas pela numeração. Quanto às rainhas, escolheram outros nomes: Arsione, Berenice e Cleópatra. A dinastia ptolomaica teve início em 304 a.C. e findou com a morte de Cleópatra VII, em 30 a.C., quando o Egito passou ao controle romano.

Os monumentos visitados então, por Dom Pedro II, são bem preservados, mantendo características do Egito Faraônico. O templo de Dendera, também do mesmo período, já havia sido mencionado pelo imperador quando visitou Abidos. Vale recordar que o templo de Kalabsha só foi concluído durante a ocupação romana.

Dia 22 de dezembro de 1876 — Parto hoje para Esneh --, antes, porém, devo falar dos túmulos reais. O vale que lá vai ter é de uma aridez absoluta, verdadeiro caminho de mortos cujo comprimento, a partir do Nilo, regula seis quilômetros. Todos os túmulos foram escavados na rocha e as câmaras interiores que se encontram nos outros e onde se reuniam os que honravam os mortos deviam ser grandes edifícios comemorativos construídos à entrada da necrópole, como por exemplo, no Ramesseium, o grande templo de Medinet-Abu; o número dos túmulos é de vinte e cinco.

Estrabão[48] fala de quarenta mas, embora supondo que nesse cômputo não se incluam as sepulturas das rainhas, é preciso notar que os primeiros reis da XVIIIª dinastia não se acham em Biban el Moluk.

Aquém da série iniciada por Amenófis III, pode dizer-se que não há um único monarca, um pouco conhecido, até o último da XXª dinastia com exceção de Hórus, cujo túmulo falte em Biban el Moluk.

Horus tem um lugar cronológico até hoje incerto, e como foi o último da XXª dinastia, há quem pense encontrar-lhe o túmulo no vale de oeste, ao lado dos contemporâneos.

Comecei visitando o túmulo de Set I, cuja descoberta se deve a Belzoni. No gênero, é digno de figurar ao par dos mais notáveis monumentos do Egito.

É imenso e para percorrê-lo deve-se descer por três rampas de degraus muito suaves. As cenas dos baixos-relevos e as pinturas diferem inteiramente das dos túmulos comuns. Tudo ali é fantástico quimérico; os deuses têm formas exóticas.

Enormes serpentes, quase todas com três cabeças, rastejam pelos quartos e põem-se de pé, apoiadas às portas.

Há condenados que estão sendo decapitados e outros lançados às chamas. São as provas que o morto pode arrostar quando virtuoso. O túmulo não é senão a imagem figurada da alma até à morada eterna.

A grande sala do fundo mostra a definitiva admissão à segunda vida "que a morte não pode atingir", reza a inscrição.

---

48. Estrabão, (era) geógrafo, filósofo e historiador, viveu entre 63 a.C. e 24 d.C. Escreveu diversas obras.

Quando Belzoni[49], o grande viajante cujo busto visitei na imensa sala do paço municipal de Bolonha ou de Pádua, descobriu o túmulo, jazia, no quarto do fundo, então entaipado por uma muralha, belo sarcófago de alabastro.

Belzoni mandou derrubar a parede por causa do som que emitia, quando perscrutada, indicando vazio.

No meio do quarto há um corredor que penetra no solo até certa distância e que mostra ter sido interrompido.

Como em todos os monumentos que se referem a Set I, os baixos-relevos, sobretudo os das diferentes divindades que rodeiam um dos quartos do fundo, são feitos com muita elegância e finura, embora ainda submetidas ao cânone tão constrangedor para o artista.

Vê-se uma sala inteiramente rodeada por uma espécie de altar cuja frente está cheia de pinturas.

Em certo lugar a cor amarela é vivíssima, como aliás acontece em quase todo o túmulo.

Há tetos abobadados cujas linhas e pinturas são belíssimas. Em parte alguma, porém, pude observar nas cores, no vermelho sobretudo, um polido luzidio parecendo verniz, tão perfeito quanto o dos túmulos visitados anteontem.

Os baixos-relevos pintados mais curiosos são os grupos, que se reproduzem, de quatro imagens cada um, representando as quatro raças conhecidas: egípcios, semitas, negros e brancos, com a pele, fisionomia e trajos característicos.

Vi depois o túmulo n.º XI (Wilkinson, numerado com tinta vermelha e algarismos gravados), o de Breio, chamado o dos harpistas.

Lá estava a múmia de Ramsés III[50], o túmulo, porém, não corresponde à câmara exterior, magnífica, do grande templo de Medinet-Abu.

Há também quartos notáveis, onde foram reproduzidos o mobiliário do rei, seus trajos de cerimônias, os produtos de seus jardins e hortas, o trabalho das herdades, suas armas e chicotes, as iguarias dos banquetes, etc., etc.

---

49. Giovanni Battista Belzoni foi um importante explorador italiano, nas primeiras décadas do século XIX.
50. Com excessão da tumba de TutAnkhAmon, as múmias não ficam mais no Vale dos Reis. Todas encontradas estão no novo Museu do Cairo.

Num desses quartos se acham as famosas harpistas tão populares, graças ao desenho que delas tiraram. Em outro, as paredes estão cobertas de imagens da deusa, numa espécie de armário.

Afinal entrei nos nº 9 e 6 de Ramsés VI e IX. Nada contém de notável, a não ser no primeiro, imenso sarcófago de granito, quebrado, e no outro (acho que Mariette se engana no número que indica) certas imagens que me obrigam a dizer que o viajante deve vê-las, lembrando-se sempre de que o simbolismo religioso do Egito presta-se a extravagâncias que mal se podem referir.

No túmulo de Set vê-se uma barca arrastada por planos de níveis diversos, indicando a passagem das cataratas do Nilo; no de Bruche observei planos inclinados por onde desliza uma caixa, parecendo reproduzir o modo pelo qual o cofre da múmia chegava ao seu lugar no túmulo.

A noite estava estrelada, havendo lua que aumentava o efeito produzido pelo aspecto do vale dos mortos. Minhas recordações dali serão profundas.

"Os monumentos do Egito", escrevi num livro dado pelo célebre egiptólogo Lepsius ao cônsul alemão de Luxor, "serão em todos os séculos uma das maiores fontes de prazer para os pensadores."

Às seis da manhã saí de Luxor. Às 8 ¼ passávamos em frente a Ersut, à margem esquerda, a antiga Hermontis. Entre o rio e a aldeia o solo está juncado de destroços. Ali se encontram os cartuchos de Tutmés II, da XXIIIª dinastia (800 aC.)[51]. À esquerda das ruínas existe um templo da época de Ptolomeu Alexandre e de sua mãe Cleópatra (100 aC.) onde há cartuchos de Cesarião, o filho de Cleópatra e Júlio César.

Esse templo era dedicado a Harpekhruti (Harpocrates dos Gregos), Hórus criança, símbolo do sol nascente.

Sinto bastante muito não ter visto a tábua geográfica, recentemente descoberta por Mariette, em Tebas.

A 20 telegrafei-lhe de Gurnah pedindo indicações precisas do local onde se acha.

Não respondeu ainda. Talvez sobre-me tempo de vê-la voltar.

---

51. Aqui houve um equívoco no nome do faraó. Tutmés II é (faraó) da 18ª dinastia e não da 23ª dinastia.

Antes de chegar, vi à direita Djebel Gebelein (as duas montanhas) que apresentam contornos notáveis. Fiz um croqui dessas rochas.

Cheguei a Esneh às 10 e 40 minutos. Resposta de Mariette com as indicações. Na volta, hei de parar em Luxor. Visitei o templo de Esneh A sala hipóstila — fachada e colunas — é da época romana. Vi cartuchos de Septímio Severo, Caracala e Geta[52]. O fundo é da época grega e mostra que parte, pelo menos, foi construída por Ptolomeu Filopater.[53]

Os capitéis das colunas demonstram trabalho delicado e cuidadoso.

A arquitetura, menos sujeita à influência hierática, pôde emancipar-se sob os gregos e romanos, ao passo que a gravura e a escultura caíram em decadência.

Mariette disse-me que a redação dos textos da sala é tão má, tão recheada de trocadilhos e de letras empregadas a esmo, que se torna preciso uma aptidão especial para adivinhar-se o sentido das frases.

Apesar da ascensão das muralhas nada se descobriu que esclarecesse a reconstituição da planta geral.

Encostada ao muro, onde se encontra a única porta visível, há uma espécie de grande nicho com baixos relevos que não parece mais recente do que a construção.

Contam que Champollion pôde ver o santuário onde conseguiu ler o nome de Tutmés III.

Dizem que as outras partes do templo jazem sob as casas da cidade, no meio das quais está encravada a parte que se pode visitar. Percorri as ruas onde existem restos da muralha exterior e de um cais feito com grandes blocos, que pertencia a uma antiga barragem do rio.

Às 12 ¼ desatracamos. Desembarcarei em El Kab para visitar os túmulos, entre outros o de Ankmés, chefe dos barqueiros, que serviu de assunto para uma memória de Mr. de Rougé.

Quando por ocasião da Exposição Universal de Paris pedi-lhe algumas obras, mandou-mas com as suas demais produções. Foi das primeiras que estudei na época em que comecei a ocupar-me com a egiptologia.

---

52. Imperadores romanos. Septímio Severo governou de 193 a 211 d.C. Caracala governou de 211 a 217 d.C. Geta governou em conjunto com Septímio, entre 209 e 211.
53. Ptolomeu IV Filopator reinou entre 221 e 204 a.C.

Conheci Mr. de Rougé[54] em 1.872 e foi, talvez, para atender a um pedido meu que reabriu o curso do Colégio de França, nesse ano, sentindo-se já bem doente.

Morreu pouco após o meu regresso ao Brasil. Será, pois, com vivo interesse que hei de visitar esse túmulo.

Esneh era a Latópolis de Estrabão (do peixe latus, venerado na cidade). Entretanto o nome hieroglífico é Chemma ou Seui.

Sete quilômetros à montante de Esneh, está El Kenon, onde começa a região do arenito calcário que os egípcios tanto empregaram nos seus monumentos do Alto Egito. Este lugar é o chiubés dos Ptolomeus.

Às 3 horas desembarquei em El Kab, a antiga Eileitias.

À margem direita, em face de Hieraconpolis, encontrou-se o nome do rei Usitarsen em uma pedra das ruínas.

Em meia hora atingi as colinas onde se acham os túmulos. Comecei pelo do monarca Fére, cujas paredes do quarto têm baixos-relevos representando cenas da agricultura, cultura da vinha, fabricação do vinho, caça e pesca, criação de gado, assim como de embalsamentos e preparação de múmias.

É curiosíssimo e contemporâneo da XVIIIª dinastia, assim como os demais.

Procurei detidamente o de Ankmés, e entretanto está a 30 passos do outro, à direita de quem sai.

Li na inscrição os cartuchos do rei Aahmés (Amasis dos gregos) e os de seu predecessor Ápries. Não achei o de Tutmés I.

Aahmés distinguiu-se como chefe dos barqueiros, almirante contra os pastores, os Hicsos[55]. A inscrição é muito conhecida. Observei no primeiro túmulo dahabiehs[56], cujas vergas tinham uma roda virando no convés para facilitar a manobra da vela.

Voltando a bordo, percorri durante 10 minutos, em passo rápido de burrico, os dois lados de um recinto de tijolos crus, que me pareceu antigo. Há no

---

54. Emmanuel de Rouge foi egiptólogo e curador do Museu do Louvre. Faleceu em 1872.
55. Os Hicsos, os reis pastores, vivam na região que atualmente chamamos de Palestina. Ocuparam o norte do Egito durante décadas, sendo expulsos pelos reis egípcios do sul.
56. O imperador associa embarcações faraônicas aos já mencionados barcos de transportes do século XIX.

interior fragmentos de colunas dóricas como as que já descrevi, cheios de hieróglifos da decadência ou talvez mesmo da época romana. Também vi os restos de uma estátua ajoelhada — de pedra negra — com hieróglifos que me pareceram melhores como feitura.

Essas ribanceiras do Nilo estavam cobertas de monumentos; Tebas, porém, merecia bem o nome de cidade de cem portas.

Pelo que vi, a cidade e as duas margens do rio deviam ocupar extensões de mais de 12 quilômetros, de cada lado do Nilo. Segundo alguns papiros havia com o nome de Rua Real, uma comunicação direta entre o grande templo de Ramsés III, de Medinet Abu, e o templo meridional da margem oposta, perto do Luxor atual, que eu acredito ser o que percorri, embora encravado na aldeia atual.

Esqueci-me de dizer que também visitei, no dia de Medinet-Abu, um templo minúsculo, ao sul e próximo ao de Tutmés, da época dos últimos Ptolomeus.

Só pude avistar, de longe, (aliás nada ali interessa) o local dos lagos que serviam aos templos de Medinet-Abu. Cada qual tinha o seu para a passagem das barcas sagradas.

O lugar chama-se hoje Bisket-Abu.

Logo que cheguei a bordo, o vapor partiu para Edfu.

Desde ontem, encontro-me com o barco da companhia Cook para o transporte de passageiros até Assuan, de onde os que querem continuar até a 2ª catarata vão a cavalo até Filoe, para apanhar o outro vapor da mesma companhia.

Não tive ainda ocasião de dizer que observei na muralha setentrional do grande templo de Medinet Abu três gárgulas que parecem indicar que outrora ali chovia bem mais que hoje. No teto do templo de Esneh há um zodíaco; verificou-se, porem, que essa representação não tem a mínima importância para a cronologia.

Ao viajar com as palavras do imperador, é possível notar como conseguia enxergar o todo e os detalhes, acuradamente. O parágrafo derradeiro dessa é um bom exemplo, quando ele se refere aos gárgolas indicando provavelmente no tempo dos faraós chovia muito mais que no período em que Dom Pedro II visitou a área.

O quarto das estrelas

Dia 23 de dezembro de 1876 *- Às 7 desembarquei. Atravessei lavouras não tão belas quanto as de ontem, embora quase me cobrissem, a cavalo, verdade é que num burrico. Não cheguei a gastar meia hora para chegar ao pilono que se vê de longe, e está muito bem conservado.*

Na fachada exterior, de cada lado da porta, vêem-se duas cavidades prismáticas, cujo fundo é vertical.

Atingem elas grande altura do pilono, que se eleva a 35 metros (dez menos que a coluna Vendôme) e parecem servir de apoio aos mastros de bandeirolas que o ornamentavam.

As câmaras interiores do monumento cujas janelas quadradas se vêem de fora no alinhamento vertical das corrediças, serviram provavelmente para o levantamento dos mastros.

O templo de Edfu foi fundado por Ptolomeu IV Filopater[57].

O santuário e os quartos que o envolvem, a capela e toda a parte posterior, pertencem ao reinado desse Ptolomeu.

A decoração de algumas salas do centro é devida a Ptolomeu VI Filometor. A sala hipostila que forma uma espécie de fachada, à frente do edifício, é de Ptolomeu Filometor e de Ptolomeu IX e Evergeto II.

O corredor exterior tem de um lado os nomes desse Evergeto II e do outro os de Ptolomeu XI e de Alexandre.

O pilono foi decorado ou talvez mesmo construído sob o reinado de Ptolomeu XIII, Dionisios.

Entrando pela primeira porta do templo em frente ao piloto, tem-se à esquerda um quartilho de pedra encostado à muralha e chamado o quarto das estrelas segundo os hieróglifos que nos atestam que o rei ali se purificava antes de penetrar no santuário.

À direita, há uma outra, onde existe, em hieróglifos, a lista dos livros da biblioteca, chamada a biblioteca.

---

57. Os trabalhos tiveram início no reinado de Ptolomeu III, em 237 a.C., e foram continuados por diversos outros reis.

Na parede interna da muralha exterior do templo, do lado sul, em frente à parte central, com que forma o corredor exterior, notam-se baixos-relevos curiosos, representando caçadas de hipopótamo por meio do arpão, com uma corda destinada a puxá-lo. O bruto tem, aliás, as patas traseiras amarradas por meio de cordas e correntes.

Vi ainda um crocodilo atravessado por um lançaço e comprida rede puxada por muitos homens e envolvendo pássaros, peixes, cabritos monteses, um belo veado e até homens prisioneiros.

Na parede exterior do templo, li o cartucho de Cleópatra. Baixos-relevos relativos a assuntos religiosos acham-se espalhados nos quartos que rodeiam o santuário, como em Denderah, cujo templo lembra muito a disposição deste.

A capela de Hor-hut, filho de Hator, e o Horut de Edfu, contem baixos-relevos de figuras mais bem feitas, e é o único onde se nota a imagem da barca do deus.

Numa parte do embasamento exterior do templo, hieróglifos que mostram que cada quarto tinha um nome, mencionando-se-lhes além disso as dimensões em côvados e meios côvados egípcios, de modo que pela medição dos aposentos, conhecem-se hoje as relações entre as medidas do antigo Egito e os metros.

O arquiteto do templo deixou a assinatura; chamava-se Ei-em-hotep-der--si-Phtá (Imhotep, o grande filho de Phtá).

No canto de um dos quartos, há um monólito de granito cinzento, talhado em forma de nicho, onde pude ter-me de pé e que foi deslocado do santuário, onde devia estar como em Denderah

Pode-se afirmar que o monólito foi lavrado por Nectanebo I (XXXª dinastia) — li o seu cartucho no interior -- para servir de naos (santuário) do templo, no local onde construíram o que existe.

No corredor exterior, do lado norte, desci por uma escada que vai ter a um reservatório comunicando com um poço, fora do templo, para receber a água do rio, cujo nível pode-se avaliar pelo do poço.

Há gárgulas, pelo menos, pela forma, como em Medinet Abu; mas essas não têm abertura. Seriam consolos como os do palácio de Medinet-Abu?

O pátio, vastíssimo, rodeado de colunas entre o pilono e a primeira porta do templo, é muito belo, assim como os capitéis das colunas, em estilo egípcio, alguns com palmas muito elegantes.

Nem todos são semelhantes e sim dois a dois, ocupando cada coluna um dos grandes alinhamentos do pátio.

Do lado do templo não há colunas, existindo duas salas, em continuação uma da outra, logo após a porta da entrada.

O templo tem ainda criptas em corredor e duas escadas para os terraços; a do sul conta várias rampas (seis ou sete) e a do norte uma única permanece. Nas paredes desta os baixos-relevos têm a face voltada para o lado da descida.

Nos terraços não há templo pequeno e sim, apenas, dois quartos.

Subi do lado norte de pilono. Que vista!

Li gravado numa pedra, no alto, o nome de Caillaud (1 816), o célebre explorador da Abissínia e das nascente do Nilo.

Voltando até quase a metade do caminho, passei para o lado sul do pilono, em cuja entrada li e copiei o nome do engenheiro Legentil com a seguinte data: Frimaire, an VIII, com o metro que ele traçara acima e à esquerda do nome.

Visitei depois, junto ao grande templo, outro, minúsculo, de Tifon, cuja imagem se repete nas frisas e acha-se também na parede do fundo.

Ouvindo ao guia Isambert, que acho excelente, embora um tanto atrasado, fui às colinas de arenito ver as grutas que ali há, trabalho totalmente infrutífero.

As 2 ½ estava a bordo e a caminho de Guebel Selsesah Desde ontem à tarde o vapor encalhou diversas vezes, durante momentos, porém.

Ao passar por algumas cabanas de felas, noto que ainda não falei de certas construções ou antes fornos de terra anexos a essas cabanas que elas emolduram algum tanto e às vezes de modo bem original, segundo o gosto egípcio, inspirado pelos monumentos.

Os pombais por exemplo, têm a forma exterior dos pilonos. Abertos por baixo, neles guardam grãos e frutas para secar. Servem também de quarto de dormir no verão.

Brugsch emitiu a opinião de que as ranhuras de que falei poderiam ser o ponto de apoio não de mastros de bandarias propriamente ditos, e sim primitivos pára-raios.

Lembra-me isso o que imaginaram a princípio das hastes pontudas que coroavam o templo de Salomão para depois chegarem à conclusão de que serviam para impedir que os pássaros pousassem nas açotéias do templo, sujando-as.

Vale dos Reis e heranças da dinastia ptolomaica | 145

O luar, hoje, não está tão belo como ontem.

Passei, no entanto, algumas horas deliciosas, deixando a imaginação divagar.

Acreditei a princípio que os templos eram orientados, mas penso agora, que suas fachadas se voltavam para o Nilo, o rio sagrado, que alimentava os lugares onde as barcas levavam as imagens das divindades e onde se representava a passagem das almas para o amenti (o inferno egípcio). Lá impunham-lhes provas... (O manuscrito imperial aqui se interrompe).

Nota do tradutor Taunay: Vários dos nomes próprios citados neste Diário devem ter sido incorretamente grafados devido à dificuldade de interpretação da caligrafia de D. Pedro II, muito apagada, quase sempre, e com os caracteres confusos de quem escreve às pressas. Procurou o tradutor identificá-los todos com os nomes inscritos nos mapas do Egito e nos livros de egiptologia de que pôde lançar mão; alguns houve, porém, cujos equivalentes não foram encontrados; é bom notar, aliás, que há fundas divergências na grafia de grande número dos termos e apelidos egípcios, segundo os diversos autores, como por exemplo Usitarseu, Urutersen, Usitersen, etc., etc.

A atenção que o imperador dispensa aos detalhes ajuda quem quer que leia seus escritos a criar cenários provavelmente bem próximos daquele que ele observou, não apenas referentes aos monumentos, mas ao clima e ao ambiente ao redor. Ao mesmo tempo, Dom Pedro II revela suas sensações mais profundas, por exemplo ao admitir que o luar não lhe parece tão belo como o da noite anterior, mas ele se delicia "deixando a imaginação divagar".

Templo de Sobek em Ombos e cidades na véspera de Natal

24 de dezembro de 1876 — *Partimos às 6h do local onde havíamos ancorado ontem. Antes do alvorecer avistamos o Cruzeiro do Sul. Foi um grande prazer para mim.*

Desembarquei na margem esquerda. Avistei primeiramente a caverna (speor) do reinado de Hórus, último rei da XVIII dinastia. Apresentam-se inicialmente quatro colunas e em seguida uma câmara com diversos nichos contendo estátuas sentadas, em baixo-relevo, bastante deterioradas.

No ângulo sudoeste existe sobre a parede sul uma deusa aleitando o rei Hórus. É um belo conjunto pela naturalidade e graça com que a deusa oferece o seio. Sobre a parede oeste vê-se o triunfo de Hórus. O rei sentado no trono é conduzido por doze oficiais do exército. Dois outros carregam o flabelo — muito necessário neste clima e com tantas moscas — acima da cabeça do rei. É o retorno de uma expedição contra os Cuchitas do Sudão. Soldados armados precedem o cortejo escoltando os prisioneiros aterrorizados. Eles dizem ao rei:

Curve tua face ó rei do Egito, sol do novo povo (líbios). Teu nome é engrandecido na terra Couch e és renomado guerreiro naquelas terras. Tua coragem — ó bondoso rei — deslumbrou os povos. O Faraó é nosso sol.

Examinei a seguir, junto à margem do rio, duas mesas com imagens e hieróglifos tendo como cercadura ornamentos arquiteturais, todo o conjunto inteiramente escavado na rocha e mais acima o que o povo chama de sustentáculo do conjunto e do qual falarei posteriormente. Reconheci ali os cartuchos de Set I e Ramsés. Um pouco mais adiante, à direita, existe outra mesa escavada na rocha, mas sem os mesmos ornamentos.

Retornando, notei ao longo da margem nove cavidades na rocha, razoavelmente grandes, das quais algumas exibiam, em péssimo estado, hieróglifos e estátuas sentadas.

Bem próximo à gruta de Hórus avistei três mesas esculpidas na rocha, em uma das quais se vê a imagem de Schaschang (XXII dinastia, 900 a.C.), o Sesac de que fala a Bíblia, apresentado a Amon pela deusa Moat. Vi nessas mesas o cartucho de Ramsés V (XX dinastia, 1.200 a.C.). Prokesch Osten fala, em seu excelente livro, de trinta pequenas câmaras mortuárias nesta mesma margem como pertencentes a personalidades da corte ou príncipes — erpahas — da XVIII dinastia (os cartuchos dos reis sob os quais eles serviram, eram de Tutmés III), de sua irmã Hatasou e de Usertesen I — (XII dinastia, 3.000 a.C.). A cartucha deste último encontrava-se no túmulo do grande sacerdote do Egito — Norte e Sul — Hapu-soreb.

Retornei ao vapor e logo após a refeição desembarquei em um bote à margem direita para visitar as principais pedreiras do período dos faraós — eu já havia avistado outras, também na margem que acabara de percorrer. Uma das partes cortadas na rocha tem, sem dúvida, cem passos de comprimento, grande largura e mais de cinqüenta pés de altura.

A superfície do rochedo em todos os seus recortes mostra que empregaram-se apenas métodos que cortavam a pedra no sentido de suas camadas. Parece, pelos indícios que nos foram deixados, que os egípcios cavavam buracos na rocha formando uma espécie de tabuleiro de damas, nos quais se inseriam cunhas de madeira que dilatadas pela água nelas vertidas separavam as lajes.

Percorrendo as pedreiras, encontrei esboços de duas esfinges cujas cabeças se me assemelharam à de carneiros e blocos parcialmente facetados, alguns com hieróglifos, para uso indeterminado, onde li a cartucha de Ra-maa-ra. Adentrei em uma pedreira em forma de gruta onde conservaram grandes colunas e avistei uma mesa escavada na rocha, dominando a planície através da qual reencontrei o bote acima do ponto onde havia desembarcado. Duas das três mesas, dentre as quais uma expõe a imagem de Sesac, mas não exatamente esta, documentam a criação das festas no Nilo sob o reinado de Mer-n-phtah-Hotep-her-maa.

As duas margens do rio se aproximam em Silsileh, quase até cerca de 500 m. Os árabes acreditam que havia outrora uma corrente fechando o Nilo neste local e Silsileh significa corrente em árabe, a qual se atava à coluna que já mencionei. Todavia na obra Introdução ao Império Romano este nome está registrado pela corruptela Sililé.

Em uma das grutas Ramsés II faz oferendas à tríade tebana e ao deus Nilo, um dos locais onde está associado às outras divindades.

Antes de atingir Silsileh passamos pela aldeia de Rédésich, margem direita, onde reside um dos chefes dos Abadeh, tribo nômade que acampa entre o alto Nilo e o Mar Vermelho. São chamados de árabes, mas só as atitudes e os hábitos justificam tal nome, porque eles têm o mesmo sangue dos Bichusé da Núbia oriental, os antigos Herouscha invasores de que falam as inscrições em El-Kab, que mandaram construir uma fortaleza cujas ruínas em tijolos crus ainda são avistadas e que remonta provavelmente à X dinastia ou mesmo anterior à esta.

Acima de Rédésieh e próximo a Silsileh um rochedo à margem esquerda forma um cabo chamado Djebel-Abou-Chéguer (montanha das tempestades) porque a disposição dos vales torna os ventos freqüentes e perigosos. Desde Edfou e sobretudo após Silsileh o vale do Nilo perde o aspecto vicejante. Não se vê mais o verdor em sua margem, somente de longe em longe surgem duas ou três choupanas ao abrigo de tamareiras.

Algumas inscrições em Silsileh mencionam um lugar denominado Khennou, ou ainda a variação Pekennou (com o uso do artigo egípcio), que existia no vale e era consagrado a Sibek[58] (o crocodilo), o deus de Ombos. Os vestígios marcantes da existência de uma antiga cidade do norte, bastante próxima ao desfiladeiro do Nilo, à margem direita, indicam talvez a provável localização do posto romano de Sililé.

4h e 1/4 — Retorno de Ombos, segundo a denominação dos gregos. O pequeno templo foi destruído pelo Nilo que ameaça também o grande. Este tem inscritos os nomes de Filometor, de Evergeto II e de Dionísio. O templo é constituído pela reunião de dois santuários justapostos, o do norte dedicado a Horouer (a luz aformoseada, sob o nome de Hórus) e o outro, do sul, dedicado às trevas, simbolizada por Sebek, o deus-crocodilo. Separados por uma muralha, os edifícios são antecedidos por colunas com elegantes capitéis formando um pórtico. Noto mais uma vez os lábios das imagens de Tutmés, grossos e voluptuosos e que sob a influência dos gregos, os membros das imagens tornaram-se melhor desenhados. A terceira câmara do lado norte apresenta a seguinte inscrição:

Cepes Basileôr Pitolemaiou Kai. Basilissês Kliopatras tês adeéphês tôn philomêtorôn Kai tôn toutôn Teknôn Àrvêrei theôi megálôi Apellôni Kai tois sunnaies theois tôn sekon oi en tôi Ombitêi tassómenoi pesoi kai ippeis Kai oì álloi eú noias eneken tês eas aútoús.

Sob o rei Ptolomeu e a rainha Cleópatra sua irmã deuses filometos e seus filhos a Horouer o grande deus Apolo e aos deuses do templo o santuário os peregrinos e os cavalheiros e outros recrutados em Ombos por causa de sua bem-querença a eles.

À certa distância do grande templo e à esquerda deste, dominando o rio, onde certamente em breve ruirá, observa-se os destroços do pilono que era de grandes dimensões e fora construído deslocado do eixo da edificação, sem dúvida em decorrência do templo menor. Havia, no teto da sala em colunas, representações astronômicas curiosas por suas formas; sobre uma parede sobressai uma barca com uma imagem carregando um cetro sobre o qual estava pousado um pássaro cercado de flores de lótus e pássaros diversos que esvoaçavam. Existem restos de uma muralha de tijolos crus.

---

58. Deus Sobek. Deus crocodilo, da região de Ombos.

> *Desci o Koum (colina). Ombo (nome atual desse local) em direção a um local mais a frente onde a embarcação veio me apanhar partindo em seguida para Assuan. O nome Ombus, segundo Brugsch, é Noubi em hieróglifos.*
>
> *6 e ½ — Interrompi a exploração às 5 e 3/4. O guia Isombert não é muito preciso quanto à sua explanação.*
>
> *Às margens do rio, sobretudo a partir de Koum-Ombo, se assemelham às que antecedem Edfou.*

Nesta parte do diário, o imperador discorre sobre aspectos da região, com olhar de geógrafo e geólogo. Deixa o vapor e segue de bote a uma das margens do Nilo para fazer uma incursão às pedreiras. Descreve a superfície do rochedo, onde os egípcios haviam cavado buracos, dizendo que a impressão é de estar observando um tabuleiro de damas.

Assuan, Elefantina e o obelisco inacabado

> **25 de dezembro de 1876** — *Parti, aproximadamente às 6h da manhã para Assuan (Syene dos gregos e Souân em hieróglifos) lat. 24° 5' 23", mais setentrional 37' 23" que o Trópico de Câncer que deve ter sido de 15' 58" à época de Eratóstenes, cerca de 230 a.C., devido a obliqüidade da eclíptica erastotênica. Supondo Assuan sob o trópico e medindo, após ter determinado astronomicamente a posição de Alexandria, a distância entre esta e Assuan dela deduzi sua localização.*
>
> *Os faraós da XVIII dinastia exploravam as pedreiras de granito rosa em Syène utilizando um grande número de trabalhadores, mas sobre as rochas se multiplicam nomes dos reis da XII dinastia. A população de Assuan que se estima em mais de 4.000 almas é uma mistura de Barabrâs, Felas, Ababdeh, Albanais e Turcos. Os Coptas são em pequeno número segundo Mariette que diz: "Assuan surpreende o viajante. Imagina-se estar em um outro mundo. Ali termina o Egito e começa um outro país." Em nenhuma outra parte se encontrará misturados tantos egípcios (em desacordo ao que diz Isombert), turcos, barabras, bickaris de torsos nus (os Ababdeh), negros de toda origem. Os habitantes de Cartum se fazem notar por sua bela figura pictórica, sua pele negra, sua cabeça semelhante ao melhor exemplar das raças setentrionais. Complementando o quadro percebe-se expostas na*

praia várias mercadorias, gomas, presas de elefante, peles de animais cuja aparência exótica leva ao desencanto do olhar.

Ao centro desta multidão circulam mercadores que vendem não mais antigüidades, mas cassetetes de ébano, piques, lanças, flechas cujas pontas de ferro dizem ser envenenadas. A descrição é tarefa extensa, sem dúvida um quadro impressionante.

Na ilha Elefantina — tanto em árabe como francês. Após mais de mil anos de abandono e esquecimento a fortaleza foi completamente desentulhada. As antigas divisões foram respeitadas. Foi adaptada uma nova tubulação na altura do 46º e 47º degraus no sentido descendente e colocada à disposição do povo em 1870, sob o governo do Quediva Ismail, o bom soberano que soergueu o Egito, pelo astrônomo Mahmoud-Bey um dos seus mais fiéis servidores.

Cheguei a Assuan aproximadamente às 8h A aldeia está disposta em forma de anfiteatro com belos sicômoros no cais. As pedras enegrecidas e de formas caprichosas que surgem do rio ou das margens e a ilha Elefantina logo defronte, com sua extremidade norte inteiramente verde, formam um conjunto bastante original e pitoresco.

Não percorri Assuan mas pude observar de bordo a veracidade da descrição de Mariette. Segui imediatamente, de bote, para a ilha Elefantina. Estrabão diz: "Ela abriga uma cidade onde se encontram um templo, de Cnuphia e um nilômetro como em Mênfis". São apenas escombros da antiga cidade e as duas pequenas aldeias existentes são habitadas por Barabrâs.

Quando da expedição de Bonaparte existiam ainda dois pequenos templos dos quais um estava, naquela ocasião, em bom estado e do outro restavam vestígios; vê-se agora apenas alguns blocos de granito, dois em pé como indícios de uma porta e os outros despersos pelo chão. Esses blocos apresentam diversas cartuchas e pude ler aquelas de Amenófis II, Ramsés II e Alexandre.

Na época dos Ptolomeus construiu-se um cais em arenito de 150 a 200m de comprimento e quinze metros acima do nível mais baixo das águas. Uma escada com cerca de noventa degraus conduz ao Nilo e na parede existem escalas graduadas para medir a elevação do nível das águas do rio. Atualmente usa-se essa escada para retirar água por meio de uma nora 004 (saquieh) e cheguei a descer quarenta e sete degraus até ao nível d'água.

No local copiei a inscrição sobre a qual versa uma das páginas anteriores. Examinei também uma outra onde se fala de Sétimo Severo. As escalas graduadas gravadas na parede são bem visíveis. Sobre os rochedos que bordejam a ilha na face para Assuan estão gravados os nomes das divindades locais às quais eram consagrados os templos:Noum ou Khnoumis (Knouphis, Cnophis) e às deusas Anouké e Sati.

Knoumis é chamado de senhor de Couch ou do Sul, das cataratas, senhor de Elefantina. Este último atributo também é conferido a Set. A etimologia da palavra Elefantina remete à forma hieroglífica Ab, que significa elefante e lembra à forma latina ebur (marfim), sendo que a ilha em árabe é chamada Geziret-en-Taher (ilha florida), também habitualmente chamada Gesiret-Assouan (ilha de Assuan).

Retornei a bordo e às 11h estava a caminho da primeira catarata. No caminho avistei as rochas de granito rosa e notei um bloco, com cerca de quarenta dos meus pés, sendo preparado provavelmente para um obelisco.

Após ter passado na localidade conhecida por túmulos dos califas, onde vêem-se elegantes cúpulas e talvez por sua distante semelhança com os belos monumentos conhecidos pelo mesmo nome no Cairo, aqui também nomeados da mesma forma, alcancei o porto de Chéllal (catarata), com sua aldeota cercada de árvores e rochedos quase negros e ainda mais singulares por seus contornos que aqueles próximos a Assuan. Tomei um dahabieh que manobrava seus longos remos aos quais se agarravam grande número de felás que cantavam, ou quando não, gritavam (o que aliás faziam a maior parte do tempo). Fui conduzido por corredeiras até uma angra arenosa entre os rochedos, onde desembarquei para caminhar até à uma ponta de onde se aprecia as corredeiras, em nada semelhantes às do Grande Salto no Rio São Lourenço que atravessei em barco a vapor. O dahabieh pode descer ou mesmo subir esta catarata por uma passagem próxima à margem direita oposta à que me encontrava.

Os numerosos felás se lançaram na maior corredeira ultrapassando troncos de tamareira, tentando guiar estes corcéis fluviáteis por entre vagas e contracorrentes sobre as quais planavam com o torso fora d'água. Um espetáculo arrebatador.

O dahabieh abriu a grande vela para vencer a corrente. O vento não estava forte, mas avançávamos rápido e a paisagem, sobretudo quando as ruínas da vicejante ilha de Filas surgiram, atraíram toda minha atenção. Reparei em alguns rochedos que me pareceram as pernas de um colosso, sentado, sobretudo porque neles se distinguiam hieróglifos.

A ilha de Filas é pequena e repleta de escombros. Ali permaneci até 4 — e lá retornarei, amanhã pela manhã, antes de partir.

O nome da ilha em egípcio se encontra nas inscrições que chamam Ísis de principal deusa da ilha "senhora de Ilak (com uso do artigo transforma-se em Pilak) e das províncias do Sul". À esquerda de quem sai, na primeira coluna do grande templo e sobre a parede deste lê-se a inscrição de Deraide que transcreverei depois. Em um pátio e na parte superior da parede há outra inscrição com os nomes de alguns dos comissários científicos de 1799 e longitude e a latitude de Filas por eles localizada. Transcreverei também estes registros. São belos alguns capitéis do grande templo e muito me agradou um outro pequeno templo com quatro elegantes colunas de cada lado (computando duas vezes aquelas dos ângulos). É o que resta do mais antigo monumento construído por Nectanebo I, erguido trinta anos antes da conquista de Alexandre.

No grande templo há uma grande estela de granito onde estão gravadas as concessões de terras feitas ao templo por Ptolomeu Filometor e Evergeto II, havendo outra importante inscrição sobre uma das paredes do pátio principal. É uma cópia daquela da Rosetta, exceto a parte em grego, origem da descoberta de Champollion. Nesta mesma língua observei diversas outras sobre as muralhas, algumas interessantes e das quais farei uma cópia.

Sobre o terraço, na câmara de Osíris, uma inscrição grega prova que em 453 de nossa era, sessenta anos após o édito de Teodoro, O Grande, a deusa Ísis dispunha ainda de um colégio de sacerdotes. Foi próximo à metade do século VI que o templo se transformou em igreja de São Estêvão e as esculturas egípcias foram encobertas pelo limo do Nilo. Dentre os monumentos do Egito foram os dedicados às divindades femininas os que mais sofreram com os atos de vandalismo, tendo sido golpeados a martelo. Subi em uma das faces do primeiro pilono através de uma escadaria com 127 degraus em lances helicoidais. A vista é particularmente original: um pequeno oásis entre rochas de contornos diversos, assemelhando-se algumas a colossos apenas esboçados.

A superfície do rio é calma em torno da ilha e bramante e coroada por rochedos logo a seguir, onde o Nilo se apressa em abandonar a Núbia para fertilizar o Egito.

Paul Lucas, viajante da época de Luís XIV, diz que esta catarata faz tamanho estrondo que os habitantes de locais bastante afastados ficam surdos. Os ouvidos deste viajante eram de uma sensibilidade extraordinária.

É curioso observar o modo como foram reutilizados os monumentos mais antigos em relação aos mais modernos. Sobre uma das faces do primeiro pilono abriu-se uma porta de entrada a um pequeno templo que passou a dispor de um pórtico próprio.

Dom Pedro II observou, extasiado, o movimento dos felás ao vencer a maior corredeira da área, enfrentando — com seus "corcéis fluviáveis" — vagas e contracorrentes. O imperador mesmo, de um jeito menos aventuroso, também enfrentou correntes a bordo de um barco a vela, o qual avançava rapidamente, embora o vento não estivesse forte demais. É interessante ressaltar que esse trecho da viagem foi feito justamente no dia de Natal de 1876, sem que houvesse, da parte dele, nenhuma menção a respeito, pois permanecia em plena atividade exploratória. Egiptologia no sangue? Talvez!

Visita a Ilha de Fila (Filae) e o templo de Ísis

26 de dezembro de 1876 — *Desembarquei às 6h 20'. Visitei inicialmente a ilha de Bigeh quase inteiramente coberta de pedras, com apenas uma pequena orla cultivada. Examinei diversas cartuchas, as ruínas de um diminuto templo e uma estátua sentada cuja cabeça havia sido quebrada. Em seguida fui à ilha de Filas onde desembarquei na face sul. Logo avistei um pequeno templo, bem próximo a um dos dois pórticos com colunas — o do lado oeste e que à esquerda de sua face sul deixa entrever um obelisco sem hieróglifos nem imagens, onde sobre a face norte gravou-se uma inscrição grega que copiarei junto às demais, em uma das páginas deste diário. Encontrei neste templo a cartucha de Naxt-neb-f (Nectanebo I). Prokesch diz que esta data do reinado de Nectanebo e que a outra, a quem também a atribuo, segundo Isombert, é da época de Trajano. Na face oriental do pórtico em colunas existe um capitel muito elegante, ornado com palmas intercaladas com cachos de pequenos frutos. Atrás deste pórtico, de um pequeno templo mais a leste e à esquerda, um pouco distante do templo de Trajano, copiei duas inscrições gregas. A inscrição atribuída a Desaix se encontra na face interior do lado oriental do primeiro pilono, em cujo topo estive ontem. A outra, creditada à comissão astronômica de 1799, avistei após ultrapassar as duas colunas da muralha a leste que forma, junto com a parte central do grande templo, um pequeno pátio.*

Uma outra inscrição, da comissão romana, copiei da verga da porta que conduz da sala hipostila às câmaras do templo. A sala hipostila tem seus capitéis e teto decorados com belas cores. Nas câmaras que também examinei, haviam imagens em baixo-relevo, muito bem feitas, como as de

Ísis com tranças pintadas de azul e subindo uma escada em lance contínuo — a outra não mais existe — prossegui apreciando a câmara de Osíris no terraço. Lá estão as melhores representações, que eu jamais havia visto, da morte e ressurreição de Osíris e os numerosos sinais de anch e de us junto aos hieróglifos que estudei atentamente, assim como as cartuchas. A imagem é guarnecida de braços que carregam os dois bastões cobertos de insígnias e que hoje avistei pela primeira vez. O templo possui também criptas dispostas em corredor e do lado oeste uma escada, que desce até ao rio e de onde se vê a porta de saída. Não consegui decifrar uma inscrição grega, à esquerda da porta da câmara de Osíris e onde não avistei outras. Talvez seja aquela de que já falei. Em uma outra câmara, sobre uma das colunas da sala hipostila, lê-se o nome do bispo Teodoro; existem também cruzes e outros indícios que comprovam a afirmativa de Isombert que disse ter sido aquele templo (ou melhor, esta parte) transformado na Igreja de São Estevão pelo bispo Teodoro.

Retornei a bordo às 9h ½ aproximadamente.

Almoço ao meio-dia e desembarco logo após para ver na margem esquerda o pequeno templo de Débod ou Debout. Não encontrei ali qualquer cartucha de Arkamen, rei da Etiópia, contemporâneo de Ptolomeu Filadelfo (285-247 a.C.). Precedido por três pilonos que mais parecem portas e sobre o que resta da verga do segundo deles, há uma inscrição grega de um ptolomeu. O rio é guarnecido por um cais de pedra onde se vê os restos de uma escada. Existem ainda alguns degraus que levavam ao terraço do templo.

Em uma ilha chamada Konasso (Kenés em hieróglifos), próxima a Filas e Bigheh e que não pude visitar, acha-se o nome de Neferhotep da XIII dinastia (2.000 a.C.).

1h 18'. Novamente a caminho.

Eis a inscrição de Desaix, gravada em maiúsculas:

L'an 6 de la République le 12 messiador une armée comandée par Bonaparte est descendue à Alexandrie L'armée ayant mis, vingt jours après, les Mamelouks en fuite aux Pyramides, Desaix, commandant la 1ère divison les a poursuivis au délà des cataractes, ou il est arrivé le 13 ventose de l'an 7.

Lê-se abaixo em letras maiúsculas:

Les geneneaux de brigade Daourt Frianb e Belliard Dondelot chef de l'Etat Major Latoumerie Comm de l'artilerie Eppler chef de la 21ème legère

Le 13 ventose an 7 de la République.

Le mars an de J.C. 1799.

Gravé par Costaz sculpteur.

Inscrita pela comissão científica, em letras maiúsculas:

R.F.

An 7

Balzac. Coquebert Coraboeuf.

Costaz. Coutelle. Lagimerre.

Ripault. Lepere. Méchain. Nouet.

Lenoir. Nectouse. St. Genis. S. Vicent

Dutertre. Savigny.

Longet. Depuis Paris. 30 º 16' 45"

Latitude Boreale 24º 3' 45"

Inscrita em letras maiúsculas pela Comissão Romana, a melhor gravação:

Gregorio XVI

Pegli auspici degli Em. P.P. Gambesini e Tosti.

Fin qui la spedizione sul bordo la Fedeltà.

Che dal Tevere a questi scogli.

Il 21 del 1841 approdava.

Antonio Calvi

Sculpi

No obelisco de Filas lê-se:

Basileus Ptolemaiou theou neou Dionasiou Philopators Kai sunadelphou Kai tôn teknôn to proskunêma parà tê kuria Iside Kai tois sunaiois theois Theodoror Agêsiphôntor Axain apo Patrôn pepor...

Sobre a verga da porta sul, acesso leste do pequeno templo, no extremo norte do pórtico oriental em colunas:

Basileus Ptolemaios Kai Basilissa Kleópatra thesi Epiphaneōs Kai Ptolemaios ò ùios Às Klêpiôs.

Sobre a verga na face interna da entrada leste do pequeno templo ptolomaico, a leste do segundo pilono do grande templo:

> *Basileos Ptolemaiôs Kai Basilissa Kleópatra à delphê Kai. Basilissa Kleópatra e guñe theoi euergetai Aphroditêi. As margens do rio são bastante pitorescas em virtude dos rochedos que guarnecem a estreita orla verdejante. Tem-se uma bela vista ao sair de Filas, cujo primeiro pilono vê-se ainda a grande distância.*
>
> *Desembarco às 4h para visitar as ruínas de um diminuto templo muito gracioso. Um dos capitéis me pareceu ornado com espigas e cachos de videira. Data do período romano. Não pude examinar, pela distância, uma pedreira de arenito com inúmeros ex-votos gregos desenhados sobre a rocha e inscrições da época de Marco Aurélio e de Severo.*
>
> *Os núbios nos cercaram e meninos, rindo, nos ameaçavam com seus punhais curvos que carregam embainhados ao mesmo tempo que pediam gorjeta. Meninas usavam os cabelos em finas tranças iguais às que havia visto na imagem de Ísis. Os cabelos reluziam bastante mas não se sentia o cheiro do óleo de rícino com que elas os esfregavam. Atravessei uma plantação de nafé 005 cuja fibra me disseram ser bastante sedosa e utilizada para tecer. Há alguns dias vi uma planta, cujos grãos são contidos em uma casca redonda, bem fina, assemelhando-se a uma pequena lanterna chinesa. Seu caule produz abundante sumo causando cegueira quando apenas uma gota cai nos olhos.*
>
> *Às 5h 20' estava a bordo de retorno de Gestásse (também chamada Kerdaseh). Durante o jantar, que começou às 6h, paramos em Markap (Tafah ou Wadi Tafahí) diante do lugar que havíamos pretendido atingir. Bonito luar. Os rochedos estão a nossa volta quase inteiramente.*
>
> *Hoje travei conhecimento com um dos passageiros, Mr Elijah Walton, que me parece artista de algum mérito, pelas aquarelas que me mostrou e ainda uma outra obra de maior porte, onde desenhou todos os detalhes do camelo e estudou seus movimentos e foi dedicada ao célebre zoólogo Richard Owen que já conheço bem. Parece-me que poderá ajudar a resolver interessantes problemas de mecânica animal.*

Ao visitar o templo de Ísis, retratada com tranças azuis, o imperador destaca a câmara de Osíris, no terraço, onde o Monarca afirma estarem as melhores representações que já vira da morte e da ressureição do deus. Consegue estudar os hieróglifos, mas não uma inscrição grega, admite sem rodeios.

O Templo de Kalabsha

27 de dezembro de 1876 — *De pé às 5h Li. Após às 6h subi à ponte. O amanhecer é soberbo. Parti às 7h Não vi Tafah ou Wadi Tafahi (margem esquerda) porque não soube que poderia visitar as ruínas 1/4h antes da partida e temia que o tempo não fosse suficiente. Acham-se ali dois pequenos templos da época romana, um quase inteiramente destruído.*

Logo em seguida o rio se estreita por entre os rochedos com várias ilhas de blocos enegrecidos emergindo da corrente e locais verdejantes, coroados de tamareiras fazem um belo contraste com a severidade da paisagem. Ao sul, o Nilo parece estar fechado por uma ilha plena de verdor. Logo adiante o rio parece um lago. É impossível descrever todos os aspectos deste local conhecido como Portas de Kábsheh ou El-Bab.

Às 7 ½ o primeiro dejejum e às 8 cheguei a Kalabsheh (margem esquerda). Fui imediatamente visitar o templo mais importante da Núbia, após aquele de Ibsamboul.

Imagino que o acesso ao templo se faz a partir do rio por dois lances de escadarias entre os quais havia um terraço. Chego ao pilono bastante grande e bem conservado. Ele precede três câmaras das quais uma possui colunas onde vi folhas e cachos de uvas em um de seus capitéis. A terceira câmara exibe figura humanas em baixo-relevo, pintadas, muito curiosas por suas vestimentas. Vemos ali belos colares com pingentes, uma espécie de polaina para nadar, ceroulas, calções e sobre o peito uma capa fechada coberta de pequenas lâminas semelhante a uma cota de malha. Duas das figuras são bem expressivas e uma delas destaca-se pela superioridade de sua modelagem. Chega-se a um terraço por um lance de escada. Existe também uma passagem subterrânea não muito extensa. O templo é cercado por muralhas duplas, em pedra, que abrigam câmaras em seu espaço interno.

Sua construção foi iniciada no governo de Augusto e continuou sob os de Calígula, Trajano e Severo. Copiei algumas cartuchas para estudá-las e não me parece que sejam destes imperadores. O templo substituiu um outro da época de Tutmés III. Não conseguiu localizar a estátua onde provavelmente se encontra a cartucha deste rei. Em hieróglifos o nome deste local é Telmès e os romanos o chamaram de Tolmis. Em uma das colunas do templo há uma inscrição do rei núbio Silco, do final do século VI.

Nesta época, os nobadae, já convertidos de longa data ao cristianismo, não dominavam mais a região de Dodecaschène, que havia sido retomada pelos Blenyes, provavelmente seus antigos ocupantes. O reino de Silco começava somente em Primis (Ibrim de hoje em dia, a dois terço da distância entre Assuan e Wadi-Halfa). A região de Dodecaschène começava em Syene e compreendia, rio acima, uma distância de 133 km. Foi esta a parte acrescentada ao Egito, de modo definitivo, sob Psamético (665 a.C.).

Uma estela descoberta em Wadi-Halfa atesta que Ousertesen III (XII dinastia) havia dominado até à região de Couch, tendo chegado à ilha de Argo. Seu sucessor, Anenemno, tem seu nome nas inscrições desta mesma região.

Três reis compõem a XXV dinastia proveniente da Etiópia ou Couch, como também é conhecida a região. Tahrarka, o último desses reis, promoveu expedições assim como os Tutmés e os Ramsés. A Bíblia cita com freqüência a região de Couch Jeremias diz "Pode o etíope mudar sua cor?" e Isaías fala de seus habitantes como homens de grande estatura. O casamento de Moisés com uma couchita [sic] foi motivo de murmúrios da parte de Aarão e Míriam.

Estive, em seguida, visitando em Beit-el-Wali (a casa do santo) um templo escavado na rocha, dedicado a Amon-ra, Noum ou Kneph e a Anoukê. O espaço exibia em suas paredes cenas de guerra e desenhos de girafa, touro, leão, cabrito, macaco e avestruz muito bem feitos. O chefe dos couchitas e seus filhos são levados prisioneiros, junto com todas as oferendas, à presença do rei Ramsés II pelo filho deste. Na parte escavada na rocha há duas colunas dóricas, mas existem vinte e quatro outras, das quais vinte com caneluras e as quatro restantes lisas e em pares; destas últimas duas estavam alinhadas ao eixo da entrada. Cada uma das quatro corresponde em largura a duas das caneladas. Sobre as muralhas está a gravura do rei segurando pelos cabelos uma cabeça, de traços negros, muito bem delineados, que ele vai massacrar com sua clava e ainda a figura de Hator aleitando uma criança, ou melhor, um menino.

O vapor partiria às 11h, lamentei não ter tido tempo para examinar esses baixos-relevos. Notei muitos jovens, Ísis inteiramente negras pedindo insistentemente esmolas e punhais e lanças farpeadas. Meu guia era um belo núbio que trazia seu punhal atado ao braço esquerdo por um bracelete.

Após ter atravessado Abou-Hor, onde na estação de baixa das águas o Nilo deixa apenas uma estreita passagem, quase tocando a margem oriental, o *vapor chegou a 1h ½ a Dindour, onde conheci as ruínas de um pequeno templo contemporâneo a Augusto.*

É notável a curva acentuada formada pela muralha do terraço defronte ao templo. Não consegui encontrar a cartucha de Augusto. Li truncadamente duas cartuchas próximas uma da outra, onde decifrei numa a palavra autocrater e na outra Cesar. Dindour é consagrado a Ísis, Osíris e Horus.

5h — Chegamos a Gherf-Hossein (Gircheh ou Kirscheh) também na margem esquerda. É necessário um bote para o desembarque. Em hieróglifos o lugar se chama Pephtah — morada de Phtah O templo é dedicado a Phtah Hator e Anoukê. Há em toda parte a cartucha de Ramsés II. O pórtico é formado por cariátides. Atinge-se o templo, a partir do rio, por uma larga escada decorada por estátuas e esfinges de que encontramos fragmentos. Entra-se em seguida numa sala cavada na rocha, com seis colossos apoiados a pilastras de 8 m de altura. Sobre paredes laterais estão quatro grandes cadis esculpidos na pedra, contendo cada um três imagens, sentadas, em baixo-relevo. Uma segunda sala conduz a uma terceira ainda menor, o aditum ou santuário, ao fundo do qual se encontram quatro divindades, sentadas, também esculpidas em baixo-relevo. Quatro pequenas câmaras laterais completam o monumento. Não consegui distinguir as divindades esculpidas apesar do esforço que me impus. Já estava tarde e era necessário retornar. O bote estava envolto por barulhos estranhos e bastante pesado e não conseguia avançar. Foi rebocado até que alcançou a corrente e finalmente estávamos a bordo próximo das 7h 1/4. A noite era belíssima com o luar se lançando sobre o Nilo. Acabo de jantar. Vou apreciar o luar que se derrama sobre a popa do navio e conversar um pouco.

Tal como em outro trecho do diário, na segunda viagem ao Egito, neste o imperador faz referência à pobreza do povo (notou jovens Ísis negras pedindo esmolas) e ao uso corrente de punhais e lanças. Seu próprio guia ostentava um punhal atado a um bracelete, no braço esquerdo.

O árido Vale dos Reis

O imperador, nesta fase da viagem, passa por diversas cidades ao longo do Nilo e algumas delas atualmente não fazem mais parte das rotas turísticas. Seria uma rota criada por seus amigos egiptólogos? Nunca saberemos. Com relação ao Vale dos Reis, realmente é um local árido, no qual diversos faraós — entre os mais conhecidos, como a rainha Hatshepsut, Tutmés III, Amenhotep III (Amenofis III), Tutankhamon, Ramsés II — foram sepultados em tumbas sofisticadíssimas. Algumas das sepulturas possuem dezenas de metros na rocha. Ao que tudo indica, a visita à necrópole foi rápida. O interessante é que no vale há uma montanha que lembra uma pirâmide. Vale fazer uma suposição: será que por isso resolveram os egípios criar um cemitério na área ocidental do Nilo, em uma região desértica?

Esna, Edfu e para-raios?
Ser humano, da lama do Nilo

No final do século XIX o templo do deus Knum, em Esna, ainda podia ser visitado, mas está fora da rota turística na atualidade. Sua estrutura é similar à do templo de Dendera. A cidade fica a 50 km de Luxor e, além do templo, existe também uma necrópole. O deus Knum é originário da fronteira sul e seu atributo é a habilidade de fazer do barro, da lama do Nilo, o corpo do ser humano que receberá uma vida. É ele que molda o ser. Parece bem familiar, não é?

A atual cidade de Edfu era conhecida no período faraônico como Djeba e foi o local em que deuses se enfrentaram, disputando o trono do Egito, em um evento conhecido como "a contenda entre Seth e Hórus". Essa pode ter sido a razão da construção do templo, tendo em vista que Hórus é o lado "bom da força" nesse mito. O monumento é bem preservado e os trabalhos de construção tiveram início no reinado de Ptolomeu III, em 237 a.C., mas depois ficaram a cargo de diversos outros reis ptolomaicos. O *pilone* monumental e o pátio foram realizados no final do reinado de Ptolomeu VIII. O imperador, em sua narrativa, parece conhecer bem a história dessa obra.

Dom Pedro II afirma, em sua narrativa, que as ranhuras na fachada do templo são para mastros de 35 metros. Por outro lado, Brugsch, o egiptólogo e amigo do imperador, acredita que possa ter servido como para-raios. Quem sabe talvez pudessem ter ambas as funções?

Kom Ombo, Assuam, Elefantina

O templo de Kom Ombo, com dois eixos, é um santuário duplo, dedicado a Hórus e Sobek (o deus crocodilo). Está um pouco danificado, mas é possível identificar o nilômetro pelo qual os sacerdotes poderiam dizer se, a cada ano, haveria uma boa cheia do Nilo. A construção do templo começou sob o reinado de Ptolomeu V, e os trabalhos continuaram com Ptolomeu VI e VII. A estrutura foi concluída quando estava no poder Ptolomeu XII, Novo Dionísio (80-51 a.C.)

Ao chegar a Assuam, o imperador se referiu à existência de uma população estimada em 4.000 almas. Atualmente, é uma das mais importantes cidades do Egito. A ilha de Elefantina — citada no diário — tem muitos artefatos de diversas épocas. No período faraônico era a fronteira sul do Egito, que foi ampliada com a invasão na Núbia (atualmente norte do Sudão).

Obelisco inacabado

Dom Pedro II, em dado momento, descreveu ter encontrado um obelisco em construção, que, de fato, se encontra na pedreira de granito rosa, em Assuan. Tem 42 metros de altura e cerca de 4 metros de lado. Pesa aproximadamente 1.200 toneladas e pode ser considerado uma prova eloquente da capacidade dos egípcios antigos na arte de construção. Usando martelos redondos de diorito e outras ferramentas e técnicas da época, eram capazes de desbastar um monumento da pedreira em bruto. Infelizmente, ao longo do processo construtivo, a peça rachou, razão pela qual foi abandonada.

Monumentos preservados

A Ilha de Philae fica próxima à Elefantina, na fronteira sul do Egito. Atualmente ela está submersa, por causa da construção da Barragem de Assuan. O complexo de templos ali existente, em 1960 foi salvo da destruição pela UNESCO, que os transferiu para a Ilha de Agilika.

O nome original da ilha, referia-se à "Ilha do tempo de Rá", o que significa a ilha do tempo da criação. Entretanto, os indícios de construção de monumentos na região são tardios, em parte do reinado de Taharqa (690-664 a.C.), que governou o Egito de Napata (Sudão) durante a 25ª dinastia de origem núbia. Ao que parece, os monarcas do período faraônico preferiram a ilha de Elefantina.

A ilha Philae passa a ter um caráter significativo durante a dinastia ptolomaica, provavelmente em função da proximidade com reino de Meroe e a anterior ocupação pelos núbios de Napata. Parecia haver uma tentativa de manter boas relações com aquele reino (atual Norte do Sudão), que floresceu entre 300 a.C. e 400 d.C. e que havia adotado em parte a cultura egípcia.[59]

O templo de Ísis e as capelas na região são de grande qualidade. Além disso, existem diversos santuários romanos chamados de Quiosques.

O último templo visitado pelo imperador foi Kalabsha, dedicado ao deus Mandulis, uma divindade núbia que parece ter sido representada de forma egípcia. Foi concluído no início da ocupação romana, em 30 a.C. A ida de Dom Pedro II a esse monumento — que parece ser uma expressão pacífica entre o Egito e a Núbia (Norte do Sudão) — revela seu grande interesse na história do Egito, porque mesmo nos dias de hoje a visitação ali é rara.

---

59. Conforme parte das minhas pesquisas e tese de doutorado sobre o período ptolomaico. Ver Gralha, Julio. *A legitimidade do poder no Egito Ptolomaico: cultura material e práticas mágico-religiosas*. Campinas, SP : [s. n.], 2009.

Figura 33. Vale dos Reis.
Entrada do Vale do Reis. Toda a região possui tumbas nas rochas e se pode notar que a montanha parece uma pirâmide. Será que Dom Pedro percebeu tal simbolismo? Fonte: Julio Gralha, 2007.

Figura 34.
Templo de Hórus, em Edfu, na época da visita de Dom Pedro II.

Figura 35. Pilone do templo de Hórus, em Edfu.

As quatro ranhuras mencionadas pelo imperador podem ser vistas nesta imagem. Acima do portal é possível ver o sol alado, que simbolicamente trafega entre os dois lados do pilone (o vale). Do tempo de Dom Pedro II até o nosso, não houve muitas mudanças. À medida que se entra no templo, o teto se reduz. Veja o portal. Fonte: Julio Gralha, 2007.

Figura 36. Templo de Kom Ombos.

Com os dois eixos, os quais Dom Pedro II deve ter notado, embora sem registrar em seu diário. É o único templo do Egito com essa característica. Fonte: Julio Gralha, 2007.

Vale dos Reis e heranças da dinastia ptolomaica | 165

Figura 37. O obelisco inacabado, na pedreira em Assuan.

É possível notar o desbaste nas faces. Dom Pedro II andou sobre o obelisco, contou a largura com seus passos e deve ter ficado surpreso com a dimensão da obra. Fonte: Julio Gralha, 2019.

Figura 38.

Na minha mão, um martelo de diorito e, ao fundo, o granito rosa da pedreira de Assuan. Provavelmente o uso do martelo foi explicado ao imperador por seus amigos egiptólogos. Fonte: Julio Gralha, 2007.

***Figura 39**. Templo de Ísis, em Filae, entre 1860 e 1880.*

Durante a viagem de Dom Pedro II, ele pode fazer algo que não é mais possível nos dias de hoje: andou pela ilha de Filae, tragada pelas águas durante a construção da barragem de Assuan.

***Figura 40**. Templo de Ísis, na ilha para onde foi tranladado, porque Filae está submersa.*

De qualquer forma, chegar lentamente de barco até a ilha tem sido uma boa experiência e acredito que o mesmo tenha acontecido com Imperador. Fonte: Julio Gralha, 2019.

Figura 41. Templo de Ísis, em Filae.

Pode-se ver o *pilone* e o portal que dá acesso ao templo de Ísis. Fonte: Julio Gralha, 2007.

Figura 42. Templo de Kalabsha

A entrada do Templo de Kalabsha, dedicado ao deus núbio Mandulis. Fonte: Julio Gralha, 2007.

9
capítulo

Olhar sobre os derradeiros cenários

28 de dezembro de 1876 — De pé às 5 1/2. Partida às 6 1/2. Chego às 9h a Dakkeh Visito as ruínas do templo fundado no período de Ptolomeu Filadelfo, pelo rei da Etiópia Ergomène, do qual lê-se as cartuchas e continuado por Filopator, Evergeto II e até mesmo por Augusto cuja cartucha, a qual não pude ler, diz-se figurar em todas as inscrições. O nome desse lugar é Pselchis segundo as inscrições gregas. Foi aqui que Petrônio desafiou as tropas de Candace, rainha dos etíopes, em sua marcha sobre Napata. O templo era cercado por uma muralha de pedras envolvida por outra em tijolos crus. Está situado paralelamente ao rio. Apresenta uma pequena câmara onde se percebem baixos-relevos extremamente bem feitos de dois leões, que por suas posturas se assemelham aqueles de Micenas. Ao lado um cinocéfalo adorando outro leão, em cima dois iíbis, lado a lado e mais elevado dois outros leões se contemplando.

As paredes mostram imagens de divindades. Sobre a parede da sala, atrás daquela ao lado da pequena câmara, observa-se a imagem de um sicômoro sob o qual está sentado comodamente um cinocéfalo, vendo-se do outro lado da árvore um boi, assim como diferentes representações da deusa Nil, das *quais uma parece colher alguma coisa sobre o sicômoro. Subi ao pilono de onde se avistam ao longe pequenas colinas bem delineadas cuja forma e cor quebram a monotonia do deserto.*

Não muito distante do pilono e entorno deste e das pedras que se alinham à direita paralelamente àquelas da esquerda e por uma certa extensão, bem à frente do pilono, vê-se lançado por terra o fragmento da cabeça de um pequeno leão.

Tendo que retornar a bordo às 10 ½ não pude ir à aldeia de Kabban, (Pselas — forma contracta) defronte a Dakkeh, na margem direita, visitar os restos de um templo e ver as cartuchas de Ramsés VII e VIII, assim como o de Amenófis III, também em escombros.

O vapor partiu imediatamente após a chegada dos passageiros e não parou em Korte, na margem esquerda (segundo os hieróglifos Ísis é considerada como deusa de Kerté. No Itinerário, livro onde se descrevem as proezas de Antonino, escreve-se Corte).

O pequeno templo de Kerté foi fundado pela primeira vez na época de Tutmés III. Chegamos a Mehamkkah, margem esquerda, às 12h 35' e retorno à 1h 20'. As ruínas não têm grande importância. Na parede de uma pequena construção ao lado do templo e bem próxima ao rio vê-se em baixo-relevo a imagem de Ísis sentada sob uma figueira. Uma galeria de colunas dominava a visão de três das faces deste pequeno templo e um de seus ângulos é ocupado pelo vão de uma escada em espiral que levava aos terraços das galerias. O templo dedicado a Ísis e a Osíris data do tempo dos Césares. Na face perpendicular ao Nilo existe uma porta nntercolúnio. Parece ter desmoronado uma muralha, estando as pedras dispostas em linhas paralelas e colocadas como fiadas de um telhado, fazendo supor a existência de uma escadaria.

Em Mehamakah (Hiera Sycominos — sicômoro sagrado), no lado sul, terminava a província greco-romana como na época dos faraós. Em uma das colunas do templo de Mehamakah, li e copiei um prokyrema (ex-voto) em grego dedicado a Ísis.

O rio mostrou belas paisagens até Wadi-tebouak, sobretudo quando o pôr-do-sol azulava suavemente as colinas distantes e tornava mais vivo o verde da estreita orla da margem mais iluminada.

> *Cheguei a Sebonah às 5 h 1/2. Fui apreciar imediatamente o local. Quase tudo havia sido invadido pelas areias. Ainda se percebem dois colossos de Ramsés, seguidos de três esfinges com cabeças humanas e calculo que tenham sido dezesseis, formando uma aléia até ao pilono. Atrás deste, a areia encobriu toda uma sala e vedou completamente a entrada de outra logo a seguir. Antes de chegar às ruínas reparei num local onde se concluíra a colheita e tudo se cobrira de areia.*
>
> *Nos templos de Maharnakah e de Kalebsheh percebi umas espécies de gárgulas, de que já falei anteriormente e na primeira delas havia um tipo de cânula na face externa. O nome Sebouah corresponde a Péamên que significa morada de Amon. A maior divindade, Amon-Ra, tem ao lado Ramsés considerado a segunda divindade em importância e aparece adorando a si mesma.*
>
> *Em Sebonah termina a primeira divisão da baixa Núbia, conhecida por Wadi-Kénous, nome proveniente da raça aborígine e se inicia a região de Wadi-el-Arab que se estende até Derr. Os árabes desta região pertencem à tribo de El-Seghât.*
>
> *Retornando de Sebouah antes das 6 ½ e prosseguindo viagem, logo em seguida, chegamos a Korosko situada à margem direita somente às 11h Sob o luar as colinas causam uma impressão bastante pitoresca. A areia amontoada entre as fendas dos rochedos assemelhava-se a pequenas galerias, embora a partir de Assuan a areia não seja inteiramente branca, ora amarelada ou com tonalidades plumbeadas.*
>
> *Korosko está quase na metade do caminho entre Sebouah e Derr. É neste local que chegam as caravanas de Sennaar.*

Dom Pedro II demonstrou ter um bom conhecimento do que aconteceu em Dakka, pois mesmo na atualidade as informações a respeito não são claras. O templo de Thot em Dakka era, originalmente, uma pequena capela em território núbio. Por volta do século III a.C., Ptolomeu IV e o rei núbio Ergomène realmente uniram esforços para a construção de um monumento dedicado a Thot (Djehuti, em egípcio), o deus da escrita, da ciência e da magia. No início do século XX, o templo entrou em colapso e foi recuperado.

O imperador também trata do conflito entre o militar romano Petrônio e a *candace* (palavra que pode ser traduzida por "caolha" ou "de aspecto viril"). Candace Amani-Xaquéto, rainha de Meroe (cidade antiga, às margens do rio Nilo, em área ao Norte de Cartum). Aparentemente, com a queda da dinastia ptolomaica e a fragilidade política romana em Assuan e Filae, a rainha meroíta ou etíope atacou em 24 a.C. a região, fazendo prisioneiros e tomando recursos, mas em 23 a.C. as forças de Petrônio controlaram Napata, a capital da rainha.

Não será demais observar a maneira como o imperador registrou sua admiração pelas "belas paisagens até Wadi-tebouak", quando o ocaso "azulava suavemente as colinas distantes", avivando "o verde da estreita orla da margem mais iluminada". Ele sempre abria espaço para divagações poéticas.

Aridez impressionante

29 de dezembro de 1876 — *De pé às 5 1/2. Faremos a escalada ao pico de Aures-el-Guarany, local sagrado para os Árabes por causa do túmulo de um homem santificado. Dizem que a vista é magnífica e que dali se observa a passagem de incontáveis caravanas. Um viajante encontrou certa vez mais de 2.000 camelos na estrada.*

8 —. Retorno. A visão deste oceano feito de ondas de colinas de arenito enegrecido e cortado por correntes de areia, como aquela da estrada das caravanas, é de uma aridez impressionante, às vezes amenizada em certos pontos por elevações azuladas na linha do horizonte.

Visitei o acampamento dos mercadores próximo ao rio. Comprei pedaços de goma arábica ali oferecidos em grande quantidade. Um vaso de couro para carregar água chamou minha atenção por sua forma semelhante à das moringas de barro do Brasil. Vi carneiros do Bargou (Sudão) bastante grandes e cuja cabeça e dorso se assemelham aos do camelo. São em pequeno número, de porte pequeno e reconheci neles o dromedário por suas pernas finas. O número de corcovas distingue apenas os camelos da Ásia, que possuem duas, enquanto os da África apenas uma. Entrei na tenda de um dos mercadores feita internamente de esteiras. Dentre os objetos característicos da sua região de origem, fiquei impressionado ao ver malfeitas cópias, a óleo, de Cenci e da Sybilla-Persica.

Gostaria bastante de percorrer demoradamente a margem do rio sombreada de belos sicômoros cuja folhagem o vento fazia cintilar, mas tenho o que fazer a bordo e talvez o comandante nos faça partir mais cedo para apreciar melhor o trajeto até Ibrim, onde esperamos pernoitar.

Desde que iniciei a navegação pelo Nilo, acima e próximo de Assuan, não escutei outra coisa senão a exclamação — veja um crocodilo! — que não consegui enxergar e apenas entrever, rapidamente, três destas feras, empalhadas grosseiramente. Diz-se que são numerosos nas cercanias de Derr, onde passamos hoje. Cheguei a Amada ou Hassaia, na margem esquerda, às 11 1/2. O minúsculo templo dedicado a Amon-Ra está quase soterrado pelo templo [sic]. Seus baixos-relevos são bastante curiosos. Vê-se uma imagem de mulher abraçando uma figura masculina, com os lábios quase se tocando e cuja boca expressa grande doçura. Existem também imagens do rei portando em oferenda quatro bois, sem chifres, seguros por quatro cordas amarradas às pernas dos animais e de Safesh, deusa que presidia as bibliotecas e tudo o que se relaciona à ciência e às letras.

A fundação do templo se atribui a Ouserteses III (XXVII século a.C.). Nele estão as cartuchas de Amenhotep II e Tutmés IV. Foi transformado em igreja nos primeiros séculos do cristianismo. Do terraço tem-se uma bela visão do perfil das montanhas ao longe. Parece contemplar o rio que está próximo.

Retorno e nova partida à 1h Cheguei a Derr ou Deir (Pé-ra na forma hieroglífica — Morada do Sol). É um pequeno burgo, mas muito importante.

Em visita ao templo de Amon-Ra, na margem direita, ao contrário da maioria que se localiza na margem esquerda, passei junto a um belo sicômoro. Defronte ao templo havia um pátio cercado de uma muralha com oito pilastras. Escavado na rocha, nele penetramos através de um frontispício com seis pilastras e por entre vestígios de colossos voltados para as pilastras. Ladeando a fachada distingue-se baixos-relevos mostrando cenas de batalhas famosas. No interior as paredes mostram cenas religiosas como nos demais templos, destacando-se as que reproduzem duas barcas divinas conduzidas em procissão sobre as espáduas de numerosas pessoas. A última das câmaras, expõe em sua parede do fundo os restos de três estátuas, sentadas, que representam, a partir da direita para a esquerda de quem as contempla: Ramsés, Amon-Ra, Ptah e Toth É para mim bastante difícil distinguir a maioria dos deuses.

A visão que se desfruta do alto do rochedo é uma das mais belas desta viagem. De um ponto junto ao templo contempla-se a aldeia repleta de tamareiras, o Nilo um pouco mais além e voltando-se para o lado oposto, junto à linha do horizonte, distingue-se o contorno das colinas em formatos variados e coloridas de um azul às vezes quase negro.

Antes das 4h estava novamente a bordo e partimos para Ibrim. As margens do rio, abaixo de Derr (Deir), são muito viçosas sobretudo aquelas da esquerda, onde as colinas dispõem grandes espaços para o cultivo também favorecido pelas águas do Nilo. Os saquiehs (nora) 006 são numerosos. Não vejo mais os antigos chadoufs, sistema primitivo usado na irrigação dos campos. Um cesto, um tanto quanto rústico, afixado na ponta de uma haste basculante, retira a água do Nilo vertendo-a em uma cânula que a conduz a outro cesto mais elevado, o qual derrama o líquido em outra canaleta superior e assim a água do rio chega ao canal aberto no nível do campo a ser irrigado.

Cheguei a Ibrim, na margem direita, às 6 3/4.

Às 8 horas o vento se abranda depois da violência com que nos surpreendeu ao pôr-do-sol. A noite está deslumbrante. A margem direita do Nilo se assemelha a um lago suíço com suas montanhas nevadas.

Outro sítio visitado por Dom Pedro II foi o pequeno templo de Amon-Rá, em Derr, construído por Ramsés II e ao que tudo indica, após a construção do templo de Rá-Harakhety, em Abu Simbel. Isso fica claro na descrição do imperador, revelando que ali existem, no santuário, quatro estátuas: Amon-Rá, Ptah de Mênfis, Thot de Hermópolis e de Ramsés II. Algo similar pode ser encontrado no templo de Rá-Harakhety, em Abu Simbel.

Vale destacar que, no presente relato, mais detalhado do que em outros, o imperador descreve uma área de comércio, revelando ter comprado pedaços de goma arábica e um recipiente de couro, usado para acondicionar água, de formato semelhante ao "das moringas de barro do Brasil". Dom Pedro II registra, ainda, que ali observou grandes "carneiros do Bargou" (Sudão),

Visita a Abu Simbel e ao templo de Rá-Harakhy

30 de dezembro de 1876 - *Ibrim é chamada Primis nos documentos contemporâneos aos romanos — Primis parva para diferençá-la de uma outra muito mais adiante, rio acima.*

Logo após a conquista do Egito, Selim colocou ali uma guarnição de soldados bósnios, cujos descendentes permaneceram no local até o começo desse século. O castelo, situado em uma elevação, foi ocupado pelos mamelucos após o massacre do Cairo, mas estes foram rechaçados por Ibraim-Pachá.

Ontem na aldeia de Deir, ou Derr, vi mulheres e meninas com os cabelos trançados como os de Ísis. Uma delas carregava um pedaço de madeira semelhante a uma boneca ornamentada com colares e cuja cabeça é feita de lã, em formato de borla, arrematada por uma longa farpa, retirada da madeira, que serve junto com a borla para sombrear a borda das pálpebras, usando uma planta que acredito seja uma espécie de hena, a qual há havia visto ser utilizada para avermelhar as unhas e cuja flor tem o aspecto e sobretudo o odor agradável do resedá.

Após ultrapassar Derr vi sobre a margem direita muitas acácias.

8h Avistei as grutas cavadas no rochedo contornado pelas ruínas de uma aldeia, onde provavelmente se localizava o castelo dos mamelucos. Retomamos a viagem. Utilizamos escadas e cordas para atingirmos a mais curiosa das quatro grutas. Lá encontrei junto à parede do fundo três estátuas, sentadas, esculpidas em baixo-relevo e a cartucha de Ramsés. O teto está pintado em quadrados brancos com cantos em vermelho. Sobre a verga da porta, pelo lado de fora lê-se a cartucha de Amenhotep (Amenófis).

Ibrim, 30 de dezembro, 8 da manhã.

Em outra gruta que visitei o teto também foi pintado em pequenas volutas brancas com a seguinte forma (desenho) entremeadas por outras vermelhas. Pude observar melhor nesta margem (a direita) a planta leitosa de que já falei. A vagem antes de secar é cheia de sementes, com filamentos sedosos que se dispersam ao menor sopro.

Esta manhã examinei o rícino, bastante baixo e chega a ser quase rasteiro.

Em Anilé, na margem esquerda, existe um túmulo datado da XX dinastia (1.200 a.C.). Não pude visitá-lo, porque seguiremos direto para Abu-Simbel (Ibsamboul).

11h 1/2. Há cerca uma hora vi em uma ilha de areia um enorme crocodilo. Observei-o com meu binóculo inseguro quanto ao que via, pensando que fossem pedras, até que ele correu a se lançar na água.

Atravessando o Nilo quando retornava das cavernas de Ibrim ouvi o eco dos rochedos, por uma vez um deles se fez escutar por 3'.

2h 40'. Chegamos a Abu-Simbel (margem direita). Aproximadamente uma hora atrás, entrevi dois crocodilos sobre uma ilha rochosa. Fui imediatamente conhecer os templos. O menor é dedicado a Hathor. A fachada apresenta seis colossos com cerca de 71 m, representando Ramsés e sua mulher Nofreari (segundo Isombert) com os filhos a seus pés. De pé eu alcançava apenas os joelhos do rei que estava sentado. O interior possui três divisões: uma primeira sala sustentada por seis pilastras quadradas e capitéis com a cabeça de Ísis; uma passagem transversal, uma câmara em cada extremidade e o santuário.

30 de dezembro de 1876 — 4 ½ da tarde. Abu-Simbel (Ibsamboul)

Os muros são decorados com baixos-relevos mostrando o rei e a rainha fazendo oferendas a diferentes divindades. A cartucha da rainha, pelo que consigo decifrar dos hieróglifos, deve ser lida Nefer-t-ar-i-mer-n-met. Ela tem nas mãos, quase sempre, um instrumento de música semelhante ao sistro, espécie de guitarra e uma de suas imagens trazendo um carneiro é bastante graciosa, com uma boca muito expressiva.

O segundo templo, o maior em direção ao sul, mostra em sua face principal quatro estátuas colossais de Ramsés com mais de 20m de altura, sentada, talhada na rocha do mesmo modo que a do templo menor. Constituem um conjunto belissimamente trabalhado, destacando-se a primeira delas, contada a partir do sul, que possui uma expressão notável, deslumbrante. A cabeça e o torso da segunda das estátuas jazem no chão irreconhecíveis. Uma linha horizontal de hieróglifos encimada por uma cornija composta de vinte e duas imagens de macacos acocorados, muito desgastada e a figura em relevo, de Hórus sobre a porta, completam o admirável frontispício. Escalei o monte de areia que quase o encobre e ali permaneci, quase meia-hora, contemplando o mais belo dos colossos. O esboço que fiz serve apenas para mostrar meu esforço e vã tentativa de captar sua expressão. Foi esta imagem que conquistou minha simpatia para com Ramsés II (Sesostris), apesar de seu caráter vaidoso, próprio a todos os conquistadores e dos seus 162 filhos, o que o faz supor polígamo e cujas imagens dizem figuram no templo de Sebonah Entretanto, no templo maior, vê-se apenas a rainha Nefer-t-ar-i. Há sobre a perna de um dos colossos ao sul uma inscrição grega, já traduzida por Lake, mas vou estudá-la antes de transcrevê-la neste diário. Li também esta inscrição de um viajante italiano bastante conhecido: "Carlo Vidua italiano qui venne dalla Laponia".

Viagem surpreendente!

O nome Lesseps está inscrito em uma das pernas das estátuas da fachada do templo menor e sobre a verga à direita da porta do templo maior encontrei o de Thierry, datado de 1832. Teria Agustin Thierry vindo a Ibsamboul? Quatro salas sucessivas com profundidade total de 60 m e dez câmaras laterais formam o conjunto dessa grandiosa escavação. A primeira sala tem dupla fileira de oito pilastras às quais estão apoiados colossos de 5m 26 de altura. A segunda sala tem apenas quatro pilastras simples, mas ao fundo acham-se outras quatro, em tamanho maior que o natural, representando Ramsés, Amon, Ra e Ptah.

Os murais não representam temáticas ligadas às divindades ou barcas sagradas carregadas em procissão, os principais assuntos são as expedições guerreiras de Ramsés às quais se acrescenta o Pen-ta-our. Um grupo de seguidores do rei espanca um semita que segura ainda seu arco. O desenho extremamente bem feito imprime à postura do rei e ao abate do inimigo bastante movimento.

Os diversos povos asiáticos cuchitas e negros, derrotados pelos egípcios têm seus traços, vestes e cores muito bem reproduzidos, principalmente os cuchitas e negros. Do lado esquerdo, encostada à parede externa da fachada, havia uma pequena câmara onde se vê imagens de prisioneiros cuchitas fielmente reproduzidos em seus traços e vestimentas. Bem próximo dali, ao sul, distingue-se sobre a rocha peças semelhantes a mesas com imagens gravadas e hieróglifos que talvez sejam as portas de entrada de escavações interessantes. Hoje não consegui encontrar um certo tipo de lanterna cuja forma aguça a curiosidade e é comumente achada unida às pontas dos bastões e cetros que as divindades e os reis costumavam carregar. Farei muitas perguntas a Mariette quando nos encontrarmos no Museu Boulaq no Cairo.

A noite é totalmente bela. Quando saí do grande templo Ísis, refulgente, se banhava nas águas de seu amado rio. Entre 9 e 10 h irei contemplar *novamente, sob o luar, o colosso de minha predileção e sonhar que não existem distâncias na terra que não possam ser vencidas quando se pode viajar como Vidua.*

Há muito tempo não vejo os pombos que aqui no Egito são tão numerosos, superando os 30 milhões. Se os alimentassem a despesa seria enorme, porém eles fertilizam o solo. Esta observação corrompe os pensamentos poéticos inspirados pela visão de tão belas ruínas, mas nada eleva tanto a alma quanto a harmonia reinante em toda a criação.

Revi meu croqui do colosso. Se não fosse a lembrança que ele traz eu o teria rasgado em pedacinhos. Talvez eu tente refazê-lo amanhã de manhã.

10h — Retorno de minha caminhada sob o luar para apreciar os colossos. Sentei-me no alto da montanha de areia e contemplei esta fachada inigualável. O primeiro colosso do lado norte, observado ao luar, foi extremamente realçado e favorecido. É notável a expressão dos olhos e da boca. O colosso que quase me reconciliou com Ramsés II estava muito distante e a luminosidade insuficiente. Se eu não receasse a névoa retornaria diante daquela fachada, pois valeria a pena a longa caminhada. Os desenhos, as fotografias que havia visto não me proporcionavam uma idéia mesmo que longínqua do que havia experimentado assim que me aproximei daquele monumento. Amanhã pela manhã retornarei aos templos.

31 de dezembro de 1876 *— De pé às 5h Li. Após o primeiro desjejum, aproximadamente às 6h retornei aos templos. Assisti ao levante do sol defronte a extraordinária fachada. Ao sul do grande templo existe uma gruta aberta a 16 de fevereiro de 1874 (opened Febr. 16. 1874 by A.M.G.B. Eyre. Witnessed by C. Renshar, A.B. Edwards). Ali as pinturas estão ainda bem conservadas e pude ver o abutre desenhado sobre a cabeça do rei, carregando com suas garras o anx entre duas insígnias, todo o conjunto se assemelhando aos contornos de uma lanterna. Seria semelhante à lanterna que já mencionei? Um buraco bastante profundo fora cavado na parede do que eu acreditava ser uma gruta mais ao sul, mas agora começo a pensar que é apenas uma mesa escavada na superfície da rocha. Examinei atentamente o que ontem mais me impressionou e notei ao pé de uma das muralhas do grande templo, quase encobertas pela areia, as imagens de oito filhas de Ramsés.*

> *Percebe-se, examinando com atenção, na nave do pequeno templo uma figura humana enlaçada pelas costas por um boi. É Hator sob a forma animal que abraça a rainha. Nesse templo existem também cenas de guerra. Nas paredes internas e externas desses templos ou de outra construção ao redor são vistas mesas esculpidas na rocha com numerosas inscrições hieroglíficas. Detive-me novamente a decifrar a inscrição grega da época de Psamético, mas existem palavras que não compreendo o significado e que não foram traduzidas por Leake. Bem próximo dali, em um dos colossos, pensei ter encontrado uma das inscrições de que fala Prokesch-Osten. Quase ao lado de Abu Simbel, em Féraig, existe uma pequena construção provavelmente da época de Amenófis III!*
>
> *Retornei a bordo quase às 9 h e partimos às 2 h para Wadi-Halfah de onde, montados em jumentos, visitaremos, amanhã de manhã, a segunda catarata. A 13 km ao sul de Abu Simbel, na margem esquerda, existem algumas ruínas que parecem datar da época romana. Mais ao sul acha-se uma gruta com hieróglifos do período de Ramsés II e mais acima, a oeste, câmaras cavadas na rocha com inscrições coptas com o nome de Diocleciano. Os cristãos talvez tenham se refugiado ali durante a perseguição no ano de 303. Em Serra, 9 km mais acima sobre a margem direita, surgem construções que parecem um antigo cais. O vapor apenas interrompeu seu curso para ultrapassar os baixios e consertar uma peça no motor. As margens tornam-se baixas, avista-se as dunas logo atrás da estreita faixa de vegetação. Cheguei a Wadi-Halfah às 6 h 40'. A lua se mostra em todo seu fulgor sobre a copa das tamareiras. Uma noite de longos devaneios!*

Perto do Ano Novo de 1877, Dom Pedro II visitou os templos da região de Abu Simbel e que estavam em sua localização original, mas tiveram de ser deslocados entre os anos de 1963 e 1968. A UNESCO fez o possível, com sucesso, para levar o templo de Ra-Harakhety e de Hathor para uma área 60 metros acima de onde estavam, por causa da construção da Barragem de Assuan e do Lago Nasser, o que elevaria o nível do Nilo, onde estavam os monumentos, na margem da fronteira sul, a 300 km de Assuan. A preservação dessas obras, vez por outra, tem sido considerada uma demonstração de poder mágico-religioso de Ramsés II, do deus Rá-Harakhy, da rainha Nefertari e de Hathor, deusa do amor, da regeneração e da felicidade, entre outros atributos.

Os templos foram escavados dezenas de metros na rocha, possuindo diversas salas e uma altura interna significativa. A dimensão da fachada do templo de Rá-Harakhry é de aproximadamente 33 metros de altura por 38 metros de largura. As estátuas de Ramsés II medem 20 metros! Da entrada até o santuário existem 56 metros. O templo menor, de Hathor, como bem observou Dom Pedro II, tem 12 metros de altura e 28 de largura. Já as estátuas da fachada têm 10 metros de altura.

Anualmente, a 22 de fevereiro e 22 de outubro, ao se erguer no horizonte, os raios do Sol atravessam o eixo do templo de Rá-Harakhey, iluminando os deuses Rá, Ramsés II e Amon-Rá, sem tocar a estátua de Ptah. É impossível não pensar em como os egípcios eram criativos! Será que Dom Pedro II também pensava assim? Difícil saber, porque não há nenhuma menção a respeito no seu diário. Quem for ao Egito, agora, tem de visitar esses monumentos, lembrando-se que o imperador também andou por lá e compartilha conosco suas detalhadas impressões.

Cataratas no Ano Novo

1º de janeiro de 1877. Levantei às 5 h Escrevi para a Europa.

Primeiro desjejum. Às 6h 40' cruzei o rio em um barco à vela em direção à margem esquerda. Montado em um jumento segui até ao rochedo de Abousihr, distante cerca de 6 milhas de Wadi-Halfah Do alto de seus 300 pés de altura avista-se muito bem a segunda catarata, a grande catarata segundo os antigos. É muito mais notável que a primeira pela extensão das corredeiras e altura das quedas. Os rochedos se sucedem no leito do rio ocupando um trecho de 10 a 15 km e calcula-se em 30 a 40m o desnível total do rio. Uma ou duas das quedas chegam a atingir 8 a 10m de altura. Graças às obras realizadas por Mohamed-Ali os ahabichs conseguem ultrapassar esse trecho durante os meses de cheia. No ponto mais alto do rochedo de Abousihr deixei a seguinte inscrição:

1º de jan. 1877
D. Pedro D'Alcântara
V. de Bom-Retiro

Artur T. de Macedo
Brésiliens
C. Henning

Dali avistei uma grande extensão deserta sobretudo na margem esquerda, possuindo a da direita alguma vegetação; o som dos nora 007 se escutava ao longe, zumbindo como as abelhas e em perene atividade como elas. Distingue-se na linha do horizonte as montanhas de Dongolah e caminhando em direção a Abousihr entrevi à direita o caminho que por entre o deserto de pedras e areia conduz a Kordofan. Não encontrei os grandes gipaetos 008 brancos nem os abutres, únicas formas vivas dessas paragens. Os árabes chamam a catarata de Bata-el-Hagar (Ventre de pedra). O Nilo é repleto de pedras negras e refulgentes como blocos de antracito.

Retornei pelo rio num bote a remo. Chegamos a esbarrar e até encalhar nas pedras por causa das contracorrentes, mas o timoneiro era hábil. Os remadores cantavam uma espécie de melopéia cujas palavras me eram traduzidas pelo dragman. Eis um exemplo:

Escutei o rouxinol e me enamorei. Minha amada é como o jasmim. Ele tocou as duas ameixas da sua árvore mas os seios de minha amiga são como belas romãs de Fassah.

Depois eles iniciaram uma longa história, do menino Ali que tendo se perdido é procurado em toda parte por sua mãe. O tema se presta a inumerável repetição, que exprime sobretudo a ansiedade da mãe.

Saí de Abousihr após às 11h e cheguei a bordo meio-dia e 35'. Defronte a Wadi-Halfa, na aldeia de Béhéni, existem vestígios de antigüidades dentre as quais uma pequena construção cercada de colunas, bastante danificada, remanescente de um templo do período de Tutmés III. Não pude ir até lá. Pouco depois das 2h desembarquei em Wadi-Halfa e montado em um burro logo depois pude embarcar num dos vagões da estrada de ferro que seguia para Dongolah O trem parte a 7 km ao norte de Wadi-Halfa, em Hanskaiah onde já existe uma estação. O caminho está aberto numa extensão de 47 km e já pode receber os trilhos, mas foram colocados apenas 35 km, dos quais percorri 28 em cerca de uma hora até Sigadah, passando por Hamkah e Mouschid. Os trabalhos foram iniciados há dois anos. Em quatro anos a estrada chegará a Chendi, numa extensão de 9.000km, devendo em novembro deste ano, com a extensão de 100km, alcançar a província de

> *Sakout. Deve atingir Kartoum que está a quase 200 km de distância de Chendi. Declive acentuado em todo o percurso, 1,30 por cento. Menor raio 160 m. Emprega-se 3.000 operários a quatro piastras (um franco) por dia, pagos aos adultos e aos meninos de mais de dez anos três piastras. Mulheres não trabalham. Cada km eqüivale a 2.000 libras esterlinas. Um operário é capaz de produzir um metro cúbico de aterro por dia — os Barabrahs não se equiparam aos felás em capacidade de trabalho. Não existem cortes muito altos nem longos. O gauge [sic] é estreito. Os dormentes são de madeira importada através de Alexandria. São empregados granito e tijolos feitos com barro do Nilo cozidos a carvão de pedra. Procuramos em vão a hulha e o ferro no território egípcio.*
>
> *A localidade que visitei é atravessada por torrentes e há quatro anos não existe água aqui. Detive-me no local onde deve ser construída uma ponte sobre a maior das três torrentes, com dimensões que excedem aquelas das duas outras que atravessei. A margem direita, acima da catarata, é em geral menos árida. Existem belas plantações de tamareiras em Mouschid sobre a margem esquerda percorrendo o caminho até Hanskarah Do alto de uma colina rochosa, em Sigadah, tinha-se uma vista muito bonita olhando-se para o lado do rio. O pôr-do-sol foi como sempre. Tendo partido de Sigadah as 4h 8' retornei a bordo somente aos 10 minutos para às 6h, porque fomos obrigados a uma longa parada em Mouschid pela falha na alimentação da caldeira, sendo a água retirada do rio em odres carregados pelos Barabrahs. É um prazer inexprimível atravessar o deserto da Núbia em estrada de ferro e talvez eu tenha sido um dos primeiros viajantes a apreciá-lo. As informações me foram dadas durante o trajeto por um jovem engenheiro egípcio que fez seu curso de seis anos na escola politécnica e dois outros anos no do estado-maior do Cairo. Ele fala francês razoavelmente, mas compreende muito pouco o que se fala nesta língua. Vou jantar e em seguida redigir minha correspondência.*

Ano Novo e retorno à Luxor

Tal como aconteceu com o Natal, Dom Pedro II parece não ter dado atenção ao Ano Novo. Estava em Abu Simbel e depois seguiu mais ao sul, para visitar as cataratas a partir de Wadi-Halfah, uma pequena cidade da antiga Núbia e que hoje faz parte do Sudão.

De qualquer forma, em vez de comemorar o ano novo em seus escritos, Dom Pedro II, no dia primeiro de janeiro de 1877, telegrafou para a Europa e registrou seu nome, o do Visconde do Bom Retiro e de Arthur T. de Macedo na ponta mais alta do rochedo de Abousihr. Quem passar por ali pode conferir se a inscrição permanece. Eu também pretendo fazê-lo, tão logo retorne ao Egito, sempre inspirado pelos relatos do imperador que nos propiciou essa viagem tão repleta de conhecimentos.

2 de janeiro de 1877 — *Levantei as 5 1/2. Parti logo após. Não pude traduzir toda a inscrição de Abu-Simbel e a transcrevo tal como li:*

Basileos ethontos es Elephantinan [sic] Psama tipo tauta agrapsan toi sun Psammatixo tô Theokl... Epleon êlthon de Kerkios Katuperthen [sic] iso potamos amiê aloglosos o ( ) êxe potasimto Aigyptios de amasis egraphe [sic] Damearchon Amor Bixo [sic] Kai Pelephos [sic] Oudano [sic].

O rei Psamético chegando a Elefantine escreveu essas coisas aquelas com Psamético o Theoke... Eles navegaram a Kerkis subindo o rio falando uma outra língua (estrangeira) (o êxe potasimto?) o egit...[sic]. O rei Amasis foi general de Psamético, escreveu Damearchos Amosbixas e Pelefos filho de Oudano.

Às 10h chegamos a Abu-Simbel e o retorno às 11h 20'.

Observei novamente os colossos, examinei a inscrição grega e copiei uma das figuras que possui de ambos os lados cordões que unem flores de lótus e de papiro à uma espécie de remo achatado, como um pangaio, para saber o que representa esta ponta caída próxima da axila direita. Partimos às 11 h 1/2.

Lendo o extrato do boletim da Sociedade Geográfica, número de fevereiro e março de 1876, onde se encontra o breve relato da viagem do Dr. Gustave Nachtigal, que conheci na casa de Krupp em Essen, constato que em Dasfour, pertencente ao Egito desde 1873, há cobre e o antimônio foi explorado recentemente. Parece provável a existência de chumbo e o ferro é extraído de minas na província do sudoeste. A informação de ontem à noite não foi exata.

Esta noite encalhamos no lodo, mas foi por pouco tempo. Logo após às 6 h paramos a aproximadamente sete milhas aquém de Sebouah

3 de janeiro de 1877— *De pé às 5 1/2. Ponho-me a escrever cartas. O vapor retoma o curso. Avisam-me a presença de crocodilos, mas quando vou vê-los já haviam desaparecido.*

Às 4 h já era possível avistar a ilha de Filas com seus templos e tamareiras. Desembarquei às 4 h 20' e, atravessando um caminho por entre os rochedos até aos túmulos dos califas, cheguei em uma hora a Assuam graças ao meu valoroso jumento.

4 de janeiro de 1877 — *Levantei às 5 h Escrevi cartas. O vapor partiu às 5 ¼ e passou agora, 7 h 25', defronte a Ombos. Vi rapidamente o pilono de Edfu e a aldeia de Esneh O vapor encalhou e somente quase duas horas depois voltou a flutuar outra vez. Cheguei a Luxor próximo às 5 h Fui até Karnak. O telegrama de Mariette foi mal traduzido do árabe por causa da semelhança de som entre a palavra pilono e o nome de duas cores, fazendo-me duvidar da exatidão das indicações do guia que me disseram haver acompanhado Mariette nesses trabalhos, mas finalmente me convenci de que havia visto as tábuas geográficas. São baixos-relevos sobre as paredes de ambos os lados do primeiro pilono, representando numerosas figuras de homens unidos uns aos outros, como prisioneiros e cujos torsos são cartuchas com o nome de um lugar ou país. Existe também a figura do rei, de dimensões gigantescas, segurando homens como feixes, pelos cabelos, para espancá-los.*

Encontrei dentre os restos de um colosso, próximo à cartucha de Tutmés, os signos Nefer-et-xeper. A luz do magnésio me ajudou bastante, sobretudo na sala hipostila onde produzia um efeito feérico, principalmente no local da coluna que tombara e fora amparada por outra mais à frente. Esta sala é deslumbrante.

5 de janeiro de 1877 — *Levantei às 5 h, o vapor já havia dado a partida. Vou ler. 6h Levantando os olhos fiquei encantado pelos belos matizes do oriente, mas embora eu seja matinal, prefiro as cores do pôr-do-sol. 9h 20' da noite. Cheguei junto com o poente, ao local a 45 milhas de Siout, onde o vapor fez uma parada. O céu está inteiramente estrelado. Nada é mais belo.*

Nos derradeiros momentos antes de iniciar a volta ao Brasil, Dom Pedro II contou como a comitiva quase ficou encalhada no rio, à bordo de um bote a remo, mas seguiu em frente graças à habilidade do timoneiro. Sem perder nenhum detalhe do momento, o imperador se referiu aos versos de uma canção entoada pelos remadores: "Escutei o rouxinol e me enamorei. Minha amada é como o jasmim. Ele tocou as duas ameixas da sua árvore mas os seios de minha amiga são como belas romãs de Fassah".

Figura 43. Templo de Rá-Harekhety
Em Abu Simbel durante a viagem do imperador.

Figura 44. Templo de Rá-Harakhty, em Abu Simbel.
É visível a diferença entre as figuras 43 e 44. Na fachada, as quatro estátuas de Ramsés II e, ao centro, acima do portal, o deus Rá-Harakhty. Fonte: Julio Gralha, 2007.

Figura 45.
O eixo central e as estátuas de Ramsés II, no interior do templo. O leitor pode ter uma ideia da dimensão da obra ao comparar com as pessoas. Fonte: Julio Gralha, 2019.

Figura 46.
No santuário ao fundo, da esquerda para direita, as estátuas de Ptah, da cidade de Mênfis, Amon-Rá, da cidade de Tebas, Ramsés II como deus e Rá-Harakhety, senhor do templo. Apenas Ptah não recebe a luz do Sol por ser um deus lunar. Fonte: Julio Gralha, 2019.

Epílogo

Poéticas e indeléveis impressões

6 de janeiro de 1877 — *De pé às 5 1/2. Novamente a caminho após longa espera. Espero chegar a Siout próximo das 9 h Prosseguirei fazendo anotações até ao Cairo. Poderiam ser mais interessantes se Mariette ou Brugsch tivessem me acompanhado ou houvesse tempo suficiente para consultar mais livros. Lamento intensamente que o problema matemático do qual Brugsch me falou em sua carta e também quando o encontrei em Filadélfia, aquele referente ao templo de Edfou, tenha permanecido quase um enigma para mim. Não acredito que as indicações que ali se encontram sejam das dimensões das câmaras e das quais já falei, porque Mariette em seu excelente guia já o havia dito. A gramática egípcia de Brugsch me foi de grande utilidade e recomendo a História dos povos antigos de Maspero como uma obra muito bem feita.*

No Cairo passarei algumas manhãs com Mariette no Museu Boulaq, para que eu traga do Egito uma idéia bastante nítida de sua história, através de seus monumentos ou ainda por seus anais de pedra.

A aurora — não a de dedos rosados, mas a coroada com todas as pedras preciosas, vem-me acenar adeus das bordas do Nilo e eu saudarei o sol como o escriba real, chamado Anaoua, contemporâneo do Antigo Império (3-5.000 a.C.):

> *Saúdo a ti quando te elevas sobre a montanha solar sob a forma de Ra e quando tu declinas sob a forma de Ma! Tu percorres os céus e os homens te contemplam e se voltam em tua direção escondendo os rostos! Assim poderei acompanhar tua majestade quando tu te desdobras na manhã de cada dia. Teus raios sobre os rostos dos homens impede reconhecê-los; nada é comparável a teus raios. As terras divinas são vistas nas pinturas, as terras da Arábia são nomeadas, só tu és oculto! Tuas transformações se assemelham àquelas do oceano celeste; ele caminha como tu caminhas. Conceda-me o país da eternidade e a região daqueles que foram aceitos; que eu possa reunir-me aos belos e sábios espíritos de Kernefer e que eu figure entre eles para contemplar tua beleza na manhã de cada dia!*
>
> *O Nilo merece também uma saudação e eu transcreverei algumas passagens do hino que lhe foi dedicado durante a XII dinastia (2-3.000 anos a.C.).*
>
> *...Ó Tu que vens em paz para dar a vida ao Egito!*
>
> *...Irrigador dos vergéis criados pelo sol...*
>
> *Caminho celeste que se abre... Seu trabalho é o repouso das mãos dos milhões de infelizes... Sua bravura é um escudo (para os infelizes)... Não conseguimos esculpi-lo na pedra; não é visível nas estátuas em que colocamos a dupla coroa... Não podemos conduzi-lo para o interior dos santuários; não sabemos onde encontrá-lo, não o vemos nunca na pintura de cenas de caça; nenhuma morada consegue contê-lo; nenhum governo em teu coração (na verdade procuramos ainda suas nascentes). Alegrastes a descendência de teus filhos; te rendem homenagem no Sul, teus decretos são permanentes quando declarados servidores do Norte. Ele absorve o pranto de todos os olhos e prodigaliza a abundância de seus bens.*

O último dia do diário da segunda viagem ao Egito demonstra que realmente Dom Pedro II deixaria o Egito em breve. Não por acaso, escolhi esse trecho para o final. Não sabemos se existem partes perdidas, mas a mensagem do imperador é significativa. Quando a aurora surge às 5:30, tocando o Nilo, o observador real — na qualidade de egiptólogo — renova suas inspirações, sempre registradas ao longo de toda a incursão. Não era a aurora de dedos rosados, mas a coroada com todas as pedras preciosas que acenou como um adeus ao imperador. Cita então um escriba que saúda o Nilo...

Ele retornou ao Cairo, onde se reuniu com amigos e egiptólogos, antes de continuar a viagem rumo ao Oriente Médio. Chego a imaginar que Dom Pedro II tivesse a intenção de retornar ao Egito pela terceira vez, mas os acontecimentos no Brasil, levando à queda da Monarquia e sobretudo ao exílio na França, devem ter feito o imperador mudar de planos.

Ilustrado, ele conhecia com profundidade muitas áreas da ciência, falando diversos idiomas, além de conhecer o sânscrito e a escrita egípcia, de maneira a entender os hieróglifos.

As narrativas das duas viagens são importantes, mas pouco pesquisadas. Por alguma razão jamais explicada, ele fez todos os registros em francês, com a veia poética tão a seu gosto e a sensibilidade para captar a beleza da cultura visitada. Não tinha reservas, também, ao revelar suas impressões mais sutis, diante da natureza. Merece admiração e reverência, graças ao legado que nos deixa, ao permitir que viajemos em suas eloquentes palavras.

Viva o egiptólogo e o ser humano que se desvenda, generosamente.

Para saber mais...

Sobre Dom Pedro II

BARMAN, Roderick J. *Imperador Cidadão*. São Paulo: Editora Unesp, 2012.

BEDIAGA, Begonha (Org.). *Diário do Imperador D. Pedro II (1840-1891)*. Petrópolis: Museu Imperial, 1999.

CARVALHO, José Murilo. *Dom Pedro II*. São Paulo: Companhia das Letras, 2007.

DEL PRIORE, Mary. *Condessa de Barral: a paixão do Imperador*. Rio de Janeiro: Objetiva, 2008

LYRA, Heitor. 1977c. *História de Dom Pedro II (1825—1891): Ascensão (1825—1870)*. vol. 1. Belo Horizonte: Itatiaia .

_____. 1977c. *História de Dom Pedro II (1825—1891): Fastígio (1870—1880)*. vol. 2. Belo Horizonte: Itatiaia.

_____. 1977c. *História de Dom Pedro II (1825—1891): Declínio (1880—1891)*. vol. 3. Belo Horizonte: Itatiaia.

RESSUTTI, Paulo. *Dom Pedro II – A História não contada*. São Paulo: Leya Editora, 2019.

SCHWARCZ, Lilia Moritz. *As barbas do imperador: D. Pedro II, um monarca nos trópicos*. São Paulo: Companhia das Letras, 1998.

Egito Antigo em Português

BUDGE, E.A. Wallis. *O Livro Egípcio dos Mortos*. SP: Pensamento.

CARTER, H and A.C. MACE. *A Descoberta da Tumba de Tut-Ank-Amon. Fascínio da História 1*, RS: Mercado Aberto 1991.

CARDOSO, Ciro Flamarion. *Sete Olhares sobre a Antiguidade*. Brasília: Editora UNB, 1994.

DAVID, Rosalie. *Religião e Magia no Antigo Egito*. São Paulo: Difel, 2011.

GRALHA, Julio. *Deuses, Faraós e o Poder*. Rio de Janeiro :JGEditor, 2017(2002) segunda edição revisada.

HART, George. *Mitos Egípcios*. SP :Editora Moraes - British Museum Publications, 1992.

JOHNSON, Paul. *História Ilustrada do Egito Antigo*. RJ: Ediouro,2004.

SHAFER, Byron. *As Religiões no Egito Antigo*. SP: Nova Alexandria, 2002.

TRAUNECKER, Claude. *Os deuses do Egito*. Trad. de Emanuel Araujo. Brasília: Editora Universidade de Brasília, 1995.

TYLDESLEY, Joyce. *Pirâmides*. RJ: Editora Globlo, 2005.

Egito Antigo em língua estrangeira

BUDGE, E. A.Wallis. *Cleopatra's Needle and Other Egyptian Obelisks*. New York: Dover, 1990.

DAVID, R. *The Pyramis Builders of Ancient Egypt*. N.Y: Routledge & Kegan Paul, 1996.

GRIMAL, Nicolas. *História del Antiguo Egipto*. Madrid. Ediciones Akal, 1996.

LEHNER, Mark. *The Complete Pyramids*. London: T&H, 1997.

HANCOCK, G., BAUVAL R. *The Message of the Sphinx*. N.Y.: Three River, 1996.

Acompanhe a LVM Editora nas Redes Sociais

🅕 https://www.facebook.com/LVMeditora/

🅞 https://www.instagram.com/lvmeditora/

Esta edição foi preparada pela LVM Editora e por Décio Lopes,
com tipografia Minion Pro, OldNewspaperTypes e
JMH Typewriter, em julho de 2022.